乡村文化振兴
的实践与思考

任杰 著

济南出版社

献给敬爱的妈妈 (代序)

给妈妈任杰的新书《乡村文化振兴的实践与思考》写序，是我极力要求的。因为，我比任何人都了解我的妈妈。

之所以这么说，是因为有几件事至今在我的脑海里挥之不去，使我对妈妈的感情由"恨"变爱、变敬仰。

第一件事——

当时，我们一家人住在镇政府家属院一栋普通的老房子里。每每趴在奶奶温暖的后背上走进幼儿园、小学的大门，我都能看见一同从镇政府家属院走出来的玩伴，几乎全是坐在爸爸或妈妈的自行车后座上，紧紧揽着爸爸或妈妈的后腰去上学；或者爸爸妈妈在自行车的前梁上绑定一个儿童围椅，玩伴们幸福地坐在儿童围椅里，依偎在爸爸或妈妈的怀中，享受着难忘的幸福时光，走进幼儿园、小学的大门。

唯独我是一个另类。

享受不到父爱、母爱，幼小的我便心生怨恨，有几次忍不住大声责问妈妈："我是不是你亲生的？"妈妈匆忙地往自己嘴里扒拉几口饭，轻轻地抚摸着我稚嫩的脸庞说："妈妈不是忙嘛。"看着她匆忙推车外出的背影，我的眼泪唰地就流了下来："人家的妈妈就不忙吗？"

我的妈妈比别的小朋友的妈妈都忙。那她究竟在干什么？

直到一个周末的中午，我才解开了这个谜团。

那天中午，妈妈在家里炒了几个小炒，招待某行政村的几位负责人。从他们的谈话中我才知道，妈妈是我们镇政府文化站的站长，这天镇委、镇政府召开各行政村两委一班人会议，会议结束后，她便把他们领到了家里，想说服某行政村的几位负责人，全力打造独具特色的乡村文化，推动乡村文化的振兴。

那年，我在我们镇小学上六年级。

尽管他们的谈话我似懂非懂，可在家招待几位负责人的举动却告诉我："妈妈忙的事业一定有我理解不了的意义。"

从此以后，我慢慢地不那么"恨"妈妈了。

六年级下学期的春天，妈妈忽然带着几位爷爷、伯伯走进了我们小学的那间大会议室。爷爷、伯伯们走上讲台，给我们讲食品安全、交通安全等知识。看着小伙伴们向我投来羡慕的目光时，我仿佛看见妈妈一下子高大起来。

很快，我初中、高中毕业了，顺利地考上了大学。

去大学报到前夕，我跟随妈妈来到了某行政村。直到那天，我才真正知道妈妈到底有多忙。

那一天，她跑了三个行政村，第一个行政村搞"夏季迷你马拉松比赛"，妈妈全程指导，直到颁奖结束。中午妈妈带着我在路边摊上吃了点凉粉，就匆忙地奔赴另一个行政村。这个行政村正在翻修破损的健身广场，一位文化站的阿姨在这里督工。妈妈放心不下，匆忙赶来嘱咐施工人员："我刚查了天气预报，近几天没雨，别急着赶进度，我们要质量。"傍晚，我们刚要回家休息，邻近一行政村的支部书记打来电话，说书城要来村里洽谈合作建设"农家小书屋"的事宜，让妈妈过去看看如何操作。

忙完一天的工作，我们拖着疲惫的身体回到家时，已是晚上9:34了。

那晚，我躺在床上，一股莫名的情绪突然涌上我的心头，我对妈妈的感情竟由单纯的爱变成了敬仰。

稍事休整后，我昂首挺胸地走进了大学校门。

大一时，我们班的同学偶尔会谈起自己爸爸妈妈的工作，有的同学告诉我，他们那里的乡村文化建设比较落后。节假日，我随同学到外地乡村游玩，确实看到了各地乡村文化建设的差距。

大一结束后的暑假，我回到家，将我的所见所闻说给妈妈听，鼓励她将这些年来在乡村文化振兴实践中的做法好好梳理梳理，形成文字，整理成册。如果读者能从中受到启发，发现"商机"，照葫芦画瓢也好，举一反三也好，在乡村文化振兴中大显身手，有所作为，那我们的乡村文化振兴出现百花齐放的局面也就指日可待了。

"最好把你实践后思考的一些东西也写出来，这样更能打开基层文化工作者的工作思路。"爸爸也鼓励她。

"我没那水平呢。"妈妈不自信地说。

"不试怎么知道自己有没有水平。"这么说着，我和爸爸赶鸭子上架，把妈妈架到了书房的电脑前。

从那晚开始，妈妈晚上 12 点前没有休息过，总算完成了《乡村文化振兴的实践与思考》的书稿。

书稿共分 7 章 36 节，第一章《建立强有力的村居两委领导机构》，用三个典型村的案例告诉我们，强有力的村居两委领导机构是实现乡村文化振兴的首要条件。第二章和第三章分别从"专业村的特色文化建设"和"激发奋进新时代的昂扬斗志"的角度，用鲜活的案例和发人深省的思考，阐述了乡村文化振兴的模式。第四章和第五章又分别从不同侧面，用典型案例和思考阐述了"乡村文化建设十小工程"的重要性。第六章《培根铸魂，振兴乡村文化》及第七章《乐享多元、快捷的品质文体盛宴》，则将乡村文化振兴提升到了一个新的高度。

本书最大的亮点在"乡村文化振兴的模式"及"乡村文化建设十小工程"几个章节里，这些亮点能让基层文化工作者从中受到启发，并以此为抓手，创新性地开展工作。

文无定法，是为序。

南宁理工学院（东盟校区）

艺术与传媒学院广播电视编导专业 2022 级王新惠

2024 年 5 月 1 日于南宁

Contents

目 录

第一章

建立强有力的村居两委领导机构

第一节　薄弱村文化大院的艰难建设

我是一名普通的乡镇文化站工作人员,在这平凡的岗位上工作了 20 余年。我刚参加工作时,"乡村文化大院"建设是乡村文化振兴的重头戏。其间,我走过了 3 个行政村乡村文化大院建设的艰难之路,比较之后,我感慨颇多。

先说第一个行政村的乡村文化大院建设,姑且将这个行政村叫A 村。

这个行政村可是赫赫有名。从经济发展上来说,该村在 20 世纪 80 年代,抓住了改革开放的商机,大多数家庭自己宰猪到附近的农贸市场销售,还把"触角"伸到了附近乡镇、县城、地市级的农贸市场。几年工夫,这些村民几乎家家都盖上了小洋楼,户户都买来了小轿车。其他村民见状,也偷师学艺,纷纷加入了"屠宰"大军。没几年工夫,这个村近 80 座小洋楼拔地而起,近 100 辆小轿车排在各家的小洋楼前。

一个不足 100 户人家的小村落,就这样凭借一把杀猪刀实现了物质上的小康。

物质上的小康实现了，精神上的小康却一塌糊涂。

为什么这么说呢？因为所有人都手持屠宰刀发家致富去了，谁还有心思搞文体活动之类的精神文明建设？

这个村就是一个活生生的例子。

那时，村里难以选出称职的村支部书记、村民委员会主任，村两委的战斗力异常薄弱。乡党委、政府召开村两委会议，缺席会议的永远是他们村。会后，乡党委、政府领导以检查工作的名义来到村里，可村两委有些破落的大院里空无一人，路过的村民说："人家早去城里农贸市场卖猪肉了。"人都找不到，怎么做思想工作？

机会来了。

有一年春天，上级文化部门要求每个乡镇至少选拔 4 个行政村建设文化大院，以丰富群众的文化娱乐活动，并由此带动村级精神文明建设上一个台阶。当时，乡党委、政府领导考虑到这个因生猪定点屠宰而远近闻名的行政村，提前实现小康有了一定的物质基础，帮助该村建设文化大院应该没有什么大问题。当时村两委改选刚刚完成，新的村两委班子刚刚成立，正是新官上任三把火的时候，将该村建成乡镇级的文化大院示范点应该没有什么难度。于是，乡政府领导就安排刚参加工作不久的我到该村蹲点督办。

该村刚选出来的村支书正值中年，见到他时，他刚好给县城的一家企业供货回来，他对我说："你先回乡里吧，村两委其他成员都到农贸市场卖猪肉去了，你晚上来，我们一起开个会看看让谁挑头建设吧。"

晚上，我来到村两委办公室，已是 7 点了，可办公室里只有村支书一人。村支书见状，才通过村两委大院的大喇叭下了召开村两委班子成员会议的通知。7 点多下的通知，拖拖拉拉，近 8 点了人员才到齐。村支书拿着上级下发的文件，简单说了说该村的"荣耀"后，就开始讨论由谁挑头完成这项工作。这个说他每天得到附近的村落里买生猪，忙得很；那个说他每天 3 点多就得起床宰猪，天不亮就得赶到农贸市场，哪有时间弄这个。讨论来讨论去，村两委决定将这项工作交给年近六旬的村民委员会成员兼会计的杨大爷挑头。

杨大爷一句话也没说，提着旱烟袋默默地走出了办公室。

第二天一早，我七拐八拐地来到杨大爷家，杨大爷长叹一口气："闺女啊，我一老头了，无职无权的，难干啊。"

"杨大爷，您别愁，我帮您。"

就这样，我和杨大爷来到了村两委办公室。

那天上午，我帮着杨大爷整理出了该村的"文化大院建设领导小组"以及有关的规章制度和活动方案等，返回乡政府吃完午饭后又早早地来到了村里。按照上午和杨大爷的约定，杨大爷应该在办公室等我了，可过了约定时间，办公室的大门仍紧锁着。跟村两委大院附近的留守村民打听，他们告诉我，每天下午，杨大爷都到附近的村落里给他那搞生猪定点屠宰的儿子购买生猪。

原来如此！

如何是好？我们计划当天下午选择文化大院建设的有关场所和地点的。因为那时没有联系电话，我只好灰溜溜地返回乡政府驻地跟分管领导如实汇报。

分管领导给我出主意："明天一早你到他家门口堵他。"

第二天一早，我将杨大爷堵在了家里。

将杨大爷拽到村两委办公室，在村两委一排老式的旧砖瓦房里，踅摸哪几间房屋能改造成"图书室""阅览室"等，哪些地儿能改造成村民健身场所……踅摸完毕，我犯愁了。老旧的房屋和健身场所需要一大笔资金才能改造完成。杨大爷告诉我，村民虽因生猪定点屠宰发了家致了富，可村集体积累却薄弱得很。就这样，杨大爷和我约定晚上一起去村支书和村民委员会主任家里汇报，看看这些费用怎么解决。

和我想象的完全不一样，我以为村两委一定会想办法解决困难，没想到村支书和村民委员会主任却异口同声："小任，你给乡党委书记和乡长反映一下，我们村集体积累只有几百元，还是让乡里给我们拨款建设吧。"

我不敢懈怠，返回乡政府后，先给分管领导汇报了。分管领导说："我去给书记、乡长汇报。"

后来我才知道，书记、乡长听过分管领导的汇报后，连夜决定：明天一早，分管领导和我带队，发动该村村民捐款建设文化大院；并让乡党委、政府办公室的同志连夜下通知，让该村村两委成员明天一早在村委办公室等候。

那些日子，分管领导和我是如何召开村民大会的，是如何每家每户发动群众捐款的，我就不一一描述了，作为包村人员，我曾抹了好几次泪。

历经千难万险，村里总算有人捐款了。那时每户收入1万元，就号称"万元户"，这个村60%的农户成了万元户，已经是"小康村"的典型了。

历时5天，该村总计捐款不足3000元。

有了这点资金，我和杨大爷开始一起"工作"了。

我们收拾干净了4间满是尘土和杂物的房屋，买来白色的仿瓷和涂料，自己动手粉刷了房间。听说附近一所学校"退役"了部分破损的桌椅板凳，唯恐别人捷足先登，我骑上自行车把即将外出公干的校长堵在了办公室里。校长见我一个小姑娘这么"蛮横不讲道理"，大手一挥道："小姑娘，不是我不支持乡村文化大院建设工作，我们的办公经费很紧张，我还要把这些破损的桌椅板凳卖掉，补贴学校的办公经费呢。"无奈，趁着校长出门打开水，我用校长办公室的座机拨通了乡党委、政府办公室的电话。

不一会儿，分管领导走进了校长办公室："文教不分家，乡党委、政府领导班子刚开会研究了，你这些破损的桌椅板凳就算是为乡村文化大院建设做贡献了。你马上组织学校后勤人员装车。"

校长无奈地摇了摇头说："装吧。"

将这些破损的桌椅板凳拉回村里，我们用以工代酬的方式请来了木工，将这些破旧的桌椅板凳改造成了书架，供群众阅读的长条书案、报夹、椅子、凳子等。我们又买来石子、水泥，平整出了简易的篮球场，又让村里的木工和铁匠制作了简易的篮球架。我们还到文体市场购买了篮球、羽毛球、排球等，也购买了群众健身的高低杠等。结账的时候，我和杨大爷都傻眼了，除去其他开支，用余下的群众捐款购买上述物品，尚缺84.5元。我用自己的工资垫支了余款。那时我每月的工资才105.15元呢。杨大爷颇为感动："闺女，回家后我取款还给你，你能跑来帮我们挑选、购买这些东西就很难得了。"

安装好这些健身器材后，分管领导来进行阶段性检查。检查后，他把我拉到一边说："小任，捐的款都花光了，听老杨说，你还垫支了84.5元，给你了吗？"

"第二天杨大爷就给我了。"我叹了口气，"钱花光了，图书怎么解决呢？"

分管领导也叹了口气："不能再发动群众捐款了，群众也不容易啊。这样吧，明天我和你一起到乡兽医站、种子站、林业站、农技站等这些涉农部门看看，他们有没有往年订购的相关杂志。如果有，咱们就淘一部分宝贝。我一同学在外县经营了一家养牛场，咱们再去他那里找找。反正一句话，能淘的咱们就淘吧。不过记住一点，淘来的书一定要是这个村的村民喜闻乐见的。"

幸亏分管领导帮忙，淘来的涉农图书，特别是有关生猪定点屠宰防疫、市场营销等方面的图书，在这个村子里成了"抢手货"。

我受到启发，逐一拜访我的闺蜜，淘来了那个年代深受青年农民喜爱的《知音》《女友》《幸福》《人之初》《人生与伴侣》《恋爱婚姻家庭》《爱情婚姻家庭》《祝你幸福》等生活、青春、时尚杂志，整齐地摆放到该村村委文化大院的"农家书屋"书架上。

时间过得真快，上级领导前来检查乡村文化大院建设的时间到了。我们谁都没有想到，那天晚上，检查组竟然来到了该村检查。那天晚上，村里的农家书屋里坐满了人，活动场地里，小伙子打篮球，年轻的姑娘打羽毛球，几位老人带着孙辈在玩跷跷板……

面对此情此景，上级检查人员问每天晚饭后都来开门的会计老杨："你们村每晚都这样吗？"

实诚的老杨如实回答道："有时我开门开早了人多点，有时我开门开晚了人就少点。"

"那你为什么不早点开门？"检查人员问他。

"没办法。"老杨摇了摇头，"老婆子晚饭有时做得早点，有时做得晚点；两个孙女在我那里有时淘气，有时不淘气。"

检查人员听老杨这么一说，哈哈大笑起来："你可真够实诚的。"

就因为这些，那年我被评为"乡村文化建设先进个人"。

为此，乡政府还专门为我们举行了表彰会。会上，乡党委书记动情地说："小任包点的那个村是块硬骨头，没想到这块硬骨头被她一个小姑娘硬生生地给啃下来了，所以她获得乡村文化建设先进个人实至名归。"

上台领奖时，怀抱荣誉，我感慨颇多：一个薄弱村的文化大院建设工作，让老杨这样一名普通的村委委员兼会计挑头完成，其难度可想而知，要是由村民委员会主任或村支书挑头来完成这项工作，可能要容易很多吧。

第二节　不敢担责的领导挑不起大梁

我工作的第三个年头，我们这里撤乡设镇。新的镇党委、政府领导班子认为，文化大院建设在一定程度上带动了乡村精神文明建设。

那时，我刚结婚。

一天早饭后，镇政府分管文化工作的副镇长老刘给我分配了新的任务：到 B 村督导文化大院建设。

对这个行政村，我非常熟悉。

前几年村两委换届，该村选拔了一位年轻的复员退伍军人担任村支书。这位年轻的马姓村支书确实干劲冲天，带领村民发展板材产业，短短几年时间，该村就发展起来了 100 余家私营板材企业。该村村民近 2000 人，近 1500 名村民成了这些板材企业的员工。

人人有活干，每月都有工资发到手，部分村民盖起了小洋楼，村民的脸上都挂满了笑容。然而美中不足的是，这位村支书过度追求经济建设，忽略了精神文明建设。

一路这样想着，我骑车来到了该村村委办公室。不巧，年轻的村委会计小刘告诉我，马书记和该村的村民委员会主任老魏去外地考察复合板材项目了，晚上才能返回。

我二话没说，中午在村里一家超市买了一包饼干和两根火腿肠充饥，然后就安心地待在村委办公室等他们。

一直到近晚上9点，外出考察的马书记和魏主任才风尘仆仆地返回。考虑到他们确实辛苦，我没有过多寒暄，开门见山说明了来意。

马书记听罢，说：“小任啊，天都这么晚了，我找人送你回镇政府吧，咱们明天再议如何？”

时间确实很晚了。我谢绝了马书记的好意，执意自己打道回府。

事后我才知道，副镇长老刘早已通知马书记了，但马书记却认为搞文化大院建设会牵扯他很多精力，弄不好会影响经济发展，所以也拒绝了副镇长老刘的“好意”。

我始终相信，精诚所至，金石为开。

本着这一想法，第二天一早我就把马书记堵在家里，掰着手指头一一列举建设文化大院的意义、好处，可马书记就是油盐不进：“小任啊，你嘴皮子都快磨破了，喝口水歇歇。”

我眉头一皱，计上心来，对马书记说：“你先忙你的，我在你们村里转转，找人聊聊天，你不反对吧？”

马书记对我说：“欢迎领导考察民情。”

马书记家西侧不远处是一栋漂亮的小洋楼，我冒昧地推开了人家的门。碰巧，男主人在家。同30多岁的男主人寒暄过后，我亮明了身份：“镇政府派我来督导你们村建设文化大院，在你们村村民委员会的大院里建农家书屋、篮球场、排球场等，我想听听您的意见。”

男主人二话没说，把我拉到他家小洋楼的二楼，推开一间宽敞的房间，指着一个崭新的乒乓球台说："村里早就该搞这些建设了。你看看，正是因为村里没有这些设施，我才自己购买了这个，晚饭后在附近找不到对手，就拉我媳妇练手，可媳妇不是我的对手，打起球来实在没劲。"

闻听此言，我进一步问："其他村民支持文化大院建设吗？"

"你想啊，"他双手一摊，"劳累了一天，到文化大院里放松一下，谁不喜欢？不信，你可以去问问别人。"

听他这么一说，我心里有了底："到时候，咱们一块去做马书记的工作，你去不去？"

"随时听候你的召唤。"他这么说着，将我送到了大门外，"对不起了，我要到我的板材厂子里忙活了。"

我又征求了近10位村民的意见，其中8位村民表示支持建设文化大院。

那还有什么好说的，我连忙跑到了村委办公室，巧得很，马书记和魏主任以及其他村两委成员刚研究完复合板材项目引进事项。

我打开记录本，一一给马书记汇报了这些村民的想法。

见我这么较真，马书记他们简单商议后，决定让魏主任挑头建设文化大院。

有了挑头人，我就不愁了。

马书记及其他村两委成员离开后，借鉴A村的经验，我和魏主任很快就商定好了B村文化大院建设领导小组以及各种规章制度。

然后，我又和魏主任寻找了农家书屋场地以及其他活动场所，还拿着米尺逐一丈量、规划，草拟了建设草图，匡算了所需费用。

事后，我问魏主任："咱们哪天动工建设？"

魏主任脸一红，木讷地说道："这……这得问问……问问马书记。"

我笑了笑，对魏主任说："马书记不是让你全权处理吗？"

"不……不行……得问问马书记。"魏主任一脸担心。真是奇怪了：B村村集体积累的家底那么丰厚，魏主任到底怕啥？

我气不打一处来，夹起草案材料，对魏主任说："咱们下午和马书记碰头，可好？"

"他又出发了，得好几天才回来。"魏主任低下了头。

我轻叹一口气，推起自行车就离开了B村村委大院。

我还未走出B村，迎面就遇到了马书记的爱人。她告诉我，马书记有点感冒，正躺在家里的沙发上给谁打电话呢。

好家伙，跟我玩起了藏猫猫。

我走进马书记家的大门，把规划的材料丢到他身上，半开玩笑地呵斥他："你搞的什么鬼，这些，魏主任说还得跟你汇报才能落实，他还说你又出发了。你们要是不愿搞文化大院建设就明说。"

马书记给我解释道："魏主任不敢担责，什么都不敢当家作主，大事小情都让我拿主意。"

听他这么一说，我气呼呼地说："那就换人，否则这项工作没法干。"

正这么说着，外出赶碾轧豆面子的嫂子回来了。马书记吩咐道：

"别忙活了，快去村委把魏主任叫来。"

嫂子离开家，马书记说："他是村委会主任，这事就得他挑头啊。"

想想也是。

魏主任来到后，马书记指着我丢给他的材料说："这些都很好啊，你在小任的督导下干就是了。"

"哦哦，行行。"魏主任应承道。

我的猜测还真没有错：接下来的日子里，装修房屋，他得先请示马书记，马书记同意了，他才办理；购买桌椅板凳，他还得先给马书记汇报，马书记同意了，他才办理。

推一推，才转一转，这么拖拖拉拉的，什么时候才能完成任务？

最可气的是，我们一起到市里的图书批发市场购买图书，充实农家书屋的书架，书款超出预算不到1000元，他又不敢当家作主了，非要回去跟马书记汇报后再说。我说："按纪律，你汇报后再购买没有错，附近有公共电话，你给马书记打个电话汇报一下，让村民委员会理财小组、财务监督小组的同志紧急碰个头，马书记再电话通知我们不就得了。"可不论我怎么做工作，他就是坚持回去汇报后再购买。

拗不过他，我们只好先回到村里。

回去跟马书记汇报后，马书记埋怨魏主任说："你看这事弄的。你打个电话，让理财小组、财务监督小组的同志紧急碰头商量一下，不就得了。你呀你，真是不够来回折腾的。再者说了，咱们又不知道具体书款，超出预算不是很正常的事嘛，理财小组、财务监督小组的同志会理解的。"

经过一番折腾，第二天我们才从图书批发市场拉回了图书。

战胜了诸多困难，我们终于把 B 村的文化大院建设起来了。

看着新建成的 B 村文化大院，我又一阵感慨：不敢担责的领导难以挑大梁；要是由村支书挑头，这事可能就容易多了。

第三节　C 村张书记的"一马当先"

没想到，B 村文化大院建成后的一阵感慨，不久后竟成了事实。

这年春节后，镇党委新调来分管文化工作的副书记老杨通知我去 C 村建设文化大院。

C 村，可是响当当的"品牌"村。

据说 20 世纪五六十年代，该村有近 100 人在某市从事建筑工作，这些国营建筑公司的职工，为城市的发展立下了汗马功劳。20 世纪 80 年代改革开放后，国营建筑公司的部分职工因为公司效益下滑而自动离职了；还有部分职工随着公司破产下岗了。该村在某市从事建筑工作的近 100 名职工，就这样或先或后地失业了。然而，随着房地产业的蓬勃发展，这些有一技之长的胆大的职工，自创房地产公司，经过几年的发展，资产达到上亿元，甚至几亿元。有些人自创同房地产有关的诸如房屋装饰等行业的其他公司，也发家致富了。那些没有"经济头脑"的普通建筑职工，也成为私营建筑企业的"香饽饽"，成为诸如水电暖部门的"高级职工"，每月都拿着不菲的薪水。老家的七大姑八大姨见状纷纷来到某市投亲靠友。几年下来，C村在某市从事同房地产建筑有关工作的达到上千人。因此，该村成了远近闻名的建筑村，大大小小的"建筑"老板有近500人。自从老张当选为该村党支部书记后，经过申请，该村开通了直达某市的班车，为这些建筑老板或职工提供往返服务；在村里成立了"帮扶队"，帮扶那些在农忙季节不能回家抢收抢种的群众，解决他们的后顾之忧；还成立了"敬老队"，帮助那些常年在外不能时常回家为父母尽孝的群众"尽孝心"……

响当当的措施，真正从根本上解决了群众的后顾之忧。按理说，在外拼搏的群众应安心工作才对，可是个别的人禁不住外面的诱惑，就抛弃了结发妻子，另寻他欢……为此，老张带领村两委一班人跑了东家跑西家，磨破了嘴皮子做群众的思想工作，力气没少费，效果却不理想。

无疑，这些影响了该村的"光辉形象"。

一次偶然的机会，老张外出考察学习，见某地某村的文化大院里，傍晚时分人头攒动，有的读书看报，有的运动健身，无声的思想教育潜移默化。于是，他询问陪同考察的村支书，人家告诉他，自从有了文化大院，农闲时分，群众经常来读书看报、运动健身。这给他们村带来的变化是群众思想好、民风正，村民和睦相处、其乐融融。

他山之石，可以攻玉。

何不……

于是，C村的老张就来到了镇政府……

然后，我骑上自行车，来到了 C 村。

在 C 村村两委办公室里，村支书在村委大喇叭里通知一番，村两委成员全部来到了村两委办公室。

开门见山，老张讲述了外出考察的所见所闻。村两委成员对此纷纷表态，他们也建设文化大院，以此带动他们村的精神文明建设来一个突飞猛进。

我没有想到，C 村村两委成员的意见竟然高度一致。

我趁热打铁，提出先成立"C 村文化大院建设领导小组"，文化大院建设务必在这个领导小组的带领下开展工作，规范运作。

"我当这个文化大院建设领导小组的组长，村委会主任当副组长，其他村两委成员当成员，你们意见如何？"老张快人快语。

闻听此言，我一下子惊呆了。根据以往的经验，其他村挂帅该项工作最大的"官"是村委会主任啊。没多想，我给予了掌声。C 村村两委成员见我带头，也纷纷报以热烈的掌声。

根据以往的经验，接下来我们要具体规划、选择活动场所了。老张和其他村两委班子成员领着我逐一查看了村两委的两层办公楼，选择了图书室、阅览室等场地。站在二层楼的台阶上，我们目测了楼前的小广场，下楼丈量了各种运动场地，还规划了停车位。

正当我们要返回村两委办公楼一楼"C"位的办公室时，老张站在小广场上，抬头看了看办公楼，喊住了我："小任啊，把村民图书室、阅览室放在二楼，不方便村民阅读。我建议，将我们村两委的办公室搬到二楼，您的意见如何？"

一切为了群众方便，这样的意见我当然赞同："我举双手赞成。"

"你们的意见如何？"老张又喊住了其他村两委成员。

"我们爬上爬下办公虽然辛苦点，但是群众方便啊。这样的意见我们当然赞成了。"其他村两委成员也纷纷举起了手。

听他们这么一说，那一刻，我的眼睛一阵潮湿。

我随他们来到村两委办公室，老张立即分工，开始搬家。

大家拿起工具，打扫卫生，腾出了二楼的两间办公室，又一鼓作气，将一楼村两委办公室的桌椅板凳往二楼新腾出的两间办公室里搬运。

老张和一位村两委成员把一张办公桌搬到二楼后，我对老张说："这样搬运大家都挺辛苦的，咱们找民工搬运可好？"

老张喘着粗气，擦了一把额头上的汗水，说："还是咱们自己搬运吧，节省工钱，能省咱们就省。"

听他这么一说，我心头一热。

忙活了一上午和一下午，他们才安顿好。

第二天早饭后，我按照正常的上班时间来到了该村，一踏进村两委大院，就发现村两委成员正忙活着搬卸刚买来的仿瓷、腻子粉呢。

我连忙放下自行车，伸手帮起了忙。

新请来的师傅搭起小梯子，有的村两委成员便协助师傅，"粉刷"起了墙壁。村支书老张则带领其他村两委成员在小广场上一边丈量一边用白漆描下"条条框框"。

春天的风很干燥，几天工夫，新粉刷的墙壁硬实了，新规划的运动场所的白漆也成型了。

这天，村支书老张召集村两委成员开了一个简短的会议。

会上，心直口快的老张发言道："明天我们和小任去市场购买图书、运动器材，根据前期小任列出的需要购买的图书和健身器材，我大体匡算了一下所需的费用。大家也都知道，咱们村的村集体积累不大厚实，这就需要我们村两委成员根据自身的家庭收入状况以及觉悟，捐款资助我们的文化大院建设，所需资金如果还不够的话，我再想办法。大家意见如何？"

这么说着，老张从口袋里掏出 1 万元人民币，交给了村委会计："我捐款一万元。"

老张家的经济状况我多多少少也知道一点，嫂子是一家保险公司的职员，一家人的生活几乎全凭嫂子一人支撑。

自家生活并不富裕，可老张还能有这样的思想觉悟，说心里话，那时我挺佩服他的。

老张带了头，其他村两委成员也都跑回了家中。

他们捐款虽不如老张多，但都精神可嘉。

看大家积极性这么高，我没有理由不"搭把手"。

于是，我也为 C 村文化大院的建设贡献了自己微薄的力量。

第二天，老张就带领大家到市场购买了图书及运动健身器材。

就这样，在一阵欢快的鞭炮声中，C 村的文化大院顺风顺水"开张营业"了。

为了让文化大院的建设不流于形式，老张和村两委成员，轮流值班，一天 24 小时为群众服务。

群众在这里确实受到了教育。C 村文化大院建成后第二年正月初六，镇党委、政府召开乡村文化建设表彰大会。C 村赫然出现在受奖名单之列。村支书作为受奖村居代表上台介绍经验。从他的介绍中我才知道，C 村的民风正了，夫妻之间、婆媳之间、邻里之间等诸多关系比以前好多了，进而还带动了他们村的经济发展。会后，我多次利用下乡的机会，向该村的群众打听情况，他们都说，村里的群众面貌确实大有改观。

第四节　思考

前前后后参与了三个行政村文化大院的建设，虽然三个行政村都由村两委班子成员挑头完成这项工作，但三个行政村主要负责人对这项工作的重视程度却是不一样的。这反映了部分村两委领导只注重经济建设，而不注重乡村文化振兴及精神文明建设的现实。我们都知道，农民是新农村建设的有生力量，可是由于受教育程度不高，大部分农民整体素质不高，创业积极性不高，从而影响他们家庭生活的改善。这就要求我们必须先提高村居两委成员，特别是村居两委正职这些领头雁对乡村文化振兴的思想认识，必须纠正他们"把经济建设搞上去了，其他建设自然也就搞上去了"的错误思想。只有认识提高了，他们才能真正扑下身子来抓好文化大院建设，以此带动精神文明建设。由此可见，乡村文化振兴，必须建立强有力的村居领导机构。

村居两委成员，特别是村居两委正职这些领头雁对乡村文化振兴的思想认识，可以通过如下措施来提高。一是定期或不定期地给村居两委成员，特别是村居两委正职进行乡村文化振兴培训，以此强化他们的文化自信，让他们从思想上"感知"乡村文化振兴的重要性及意义。二是可以通过外出参观、学习的方式，组织村居两委成员到一些乡村文化振兴先进村居观摩、学习，鲜活的"生动事例"一定能给他们带来一些触动。三是上级主管部门和当地党委、政府，可以采取"评优树先"等方式，对在乡村文化振兴中做出表率的村居、村居两委进行表彰奖励，以此调动村居两委有关同志抓好乡村文化振兴的积极性。

第二章

专业村的特色文化建设

——乡村文化振兴的工作模式之一

第一节　西瓜、甜瓜种植专业村的文化建设

这年春节后刚上班，镇党委、政府经研究决定，将辖区内的 57 个行政村划分为 8 个片区，镇政府工作人员重新"分配"，全部到片区内深入乡村精准扶贫，坚决打赢脱贫攻坚战。

我到镇党委、政府驻地西北角的一个片区报到。上午报完到，下午就到一种植西瓜、甜瓜的专业村指导帮扶、精准扶贫。

该村村两委一班人接到通知后，早早就在村两委办公室等我。

寒暄过后，村两委的负责同志向我介绍，该村共有 93 户村民，对照相关标准，经过严格排查，共有 7 户村民因种种原因成了名副其实的贫困户。

为了帮助这 7 户村民彻底拔掉穷根，我和该村村两委领导决定用"提升行动"完成这项工作。

为此，我们专门制定了实施方案。

特色种植西瓜、甜瓜"提升行动"到户项目实施方案

一、指导思想

坚持以习近平新时代中国特色社会主义思想为指导，依照习近平总书记关于巩固拓展脱贫攻坚成果同乡村振兴有效衔接相关论述要求，全面落实党中央国务院省市区关于巩固拓展脱贫攻坚成果同乡村振兴有效衔接决策部署，实现户上产业基础更加稳固、增收更可持续，继续发展壮大产业。

二、目标任务

继续深入推进我村特色种植西瓜、甜瓜提升行动，严格按照"有产业、有参与、有效益、有支持"的要求，围绕特色高效产业谋划实施到户项目。深入发掘提升对象产业发展潜力，力争户均实施达标项目1.5个以上，人均因实施达标项目增收保持在2000元以上。

帮扶对象：全村具备特色种植西瓜、甜瓜条件，需要巩固产业脱贫成果的脱贫户、监测户，以下简称"提升对象"。

项目要求：1.自种项目，要达到有关部门下发的"特色种植业扶贫对象产业发展标准要求"，方可给予不高于投入成本的奖补。2.土地流转项目，流转收益至少按高于市场价10%与新型农业经营主体签订规范流转协议，年获得流转收益不低于400元。3.农业务工项目，与新型农业经营主体签订规范农业务工协议，单人年获务工工资不少于5000元。4.自种项目最大奖补规模，不得超过达标最低规模的2倍，要尽量按提升对象实际最大允许奖补规模进行奖补。5.每个提升对象可申请2个项目，每个项目要有项目名称，有具体实施内容、规模，有直接增收效益。6.玉米、油菜等传统大宗农作物产业不列入奖补产业范畴。7.享受奖补的特色种植西瓜、甜瓜在规模上或在收入上应当能够成为提升对象家庭数一数二的主导产业。8.单个项目奖补资金，不得低于400元，不得高于2000元，要按提升对象实际最大允许奖补规模进行奖补。低于400元的项目，可酌情适当提高最大奖补规模，直至奖补资金达到400元。客观确实无法提高最大奖补规模的，按400元奖补。9.已经富起来的稳定脱贫户建议不再给予到户项目奖补。

三、奖补标准

1.一般需要巩固产业脱贫成果的脱贫户到户产业项目奖补，按照全村制定的统一标准奖补。

2.已纳入监测范围未消除风险的三类户（脱贫不稳定户、边缘易致贫户、突发严重困难户），其到户项目奖补标准按一般需要巩固脱贫户奖补标准的2倍扶持。

3.同一提升对象申请项目个数原则上不得超过2个，奖补总额不超过4000元。

四、奖补程序

（一）项目摸排。首先精准界定具备特色种植西瓜、甜瓜的条件，需要巩固产业脱贫成果的提升对象，然后按照"一户一方案，一人一措施"要求，精准摸排提升对象产业发展需求，帮助谋划到户项目。

（二）计划下达。村两委从村集体积累中，安排具体实施，并下达各户。

（三）规范实施。村两委严格按照有关规定，以及有关公示公告等文件要求，采取"先建后补、以奖代补"方式，及时报送项目奖补发放申请报告。

依据此"实施方案"开展"提升行动",当年这 7 户村民就因种植西瓜、甜瓜全部脱贫。

为了巩固脱贫成果,第二年春节后一上班,片区领导又派我到该村蹲点包村。

看着全村好多人都在大棚里侍弄西瓜、甜瓜苗,高兴之余,我根据自己的工作性质,问村两委的领导:"下一步你们有没有考虑一下村里的文化振兴问题。"

村支书和村民委员会主任对视一笑:"你说没想那是假的,我们村两委成员也开会讨论过这个问题,可搞好我们村的文化振兴,我们还真不知道该怎样开展工作。"

听两位领导这么一说,我心里有底了,就向他们讲起了另一个果树专业村的文化振兴史。

这个村是我们镇非常有名的果树种植专业村,家家户户都有自己的果园,种植各种品牌的苹果、梨、樱桃等等。

20 世纪 90 年代,这个村的村支书虽年逾五旬,却自费订购了许多有关"农业科技"的书报,像《苹果树的栽培与管理》《大棚樱桃的栽培及管理技术》《科技日报》等,种类达 20 余种,仅此一项支出就达几千元。学了农技知识,他就在自家的自留地里栽植山楂、红富士苹果、丰水梨等果树进行实验。实验成功后,每天早晨 6 点,他准时来到村两委办公室,打开扩音器和大喇叭,把自己昨天从报纸、杂志、图书中学到的有关果树栽培与管理的新农技知识,对着麦克风给村民讲上几遍。在他的带动下，这个村很快就发展成了有名的果树种植专业村。日子久了，这个村50余名村民获得了"绿色证书"。其中，农民果树技师1人，农民果树助理技师3人，农民果树技术员27人。由此，该村村民的整体科技素质得到了极大的提高。村支书趁热打铁，带领这些"农业科技人才"开展有关果树栽培及管理方面的技术攻关，5项科技成果获得了国家农业部、省农业农村厅、地区科技局的表彰奖励。

那时，这位老村支书就很有乡村文化头脑，带领村民先是将那些不侵占耕地的果园"圈"起来，在每家果园的醒目处竖起一块大牌子，详细介绍这家果园栽种的果树品种，果子成熟后可以先尝后买；也可以不尝不买，仅过过眼福。实际上，这就类似于今天的观光旅游业。

农家书屋、群众图书室、阅览室以及其他健身场所一应俱全。

这还不够，这位村支书又开始关注果树文化。

靠近村两委办公室的东侧，是该村群众健身、娱乐的场所。村两委将该村50余名获得"绿色证书"的果业农技人员的照片及事迹简介、农技科研成果等制作成喷绘，立于广场南侧的雨棚下进行宣传。这个广场位于三村交界处，对过就是一处国道和省道交会处的加油站，南来北往的司机抬头就能看到这些人的事迹。村支书见这是好时机，就用该村各种果树以及各种果子的成果彩照，制作了10多块巨大的"广告牌"，立于广场的南侧。没几天，广告效应有了，过往的货车司机趁机做起了"贩卖水果"的生意。

另外,村支书又带领村两委成员,在家家户户小洋楼的墙壁上"装饰"了有关果业栽培、管理、营销的写实画、卡通画等。村里的老年人在一位退休老教师的带领下,成立了老年秧歌队,春节和元宵节期间,到附近村居演出宣传,就连这支老年秧歌队使用的红色扇子上,那位退休老教师也别出心裁地描绘上了他们村的各种果树和果实。

来到该村,人们仿佛一下子就进入了各色果树的重重包围中。

果树乡村文化反过来又助推了该村的果业发展,真是名副其实的相辅相成、相得益彰。

听我这么一说,这个种植西瓜、甜瓜的专业村的村支书和村民委员会主任就跳了起来:"你说的不就是咱们镇的那个什么村吗?20世纪90年代,他们可是咱们镇各项工作的标杆呢。"

"是的,你们说得没错。"我拍了一下手掌。

"老任,你说咱们村得怎么搞。"两位领导拉过椅子,坐在了我的对面。

"咱们做做西瓜、甜瓜文化文章如何?"我试探着问他们俩。

"你说咋办咱咋办。"两位领导异口同声地说。

依托村里雄厚的财力,这个西瓜、甜瓜专业村很快就建好了文化大院、群众运动健身场所等。

接下来,我对他们俩说:"咱们先把咱们的西瓜、甜瓜注册商标,用法律保护我们的特色种植。"

恰巧这时镇里也准备对全镇的西瓜、甜瓜商标进行注册。镇党委、政府领导聘请有关专家、教授对我们镇的西瓜、甜瓜进行了严格的检测和认定，把欲认定的商标上报到了国家有关部委。不久，上报的商标审核批复了。这个西瓜、甜瓜种植专业村的西瓜、甜瓜有了自己的"身份证"。

我利用我的"市作协会员"身份，邀请同行前来观光采风。

市摄影协会闻风而动，几十名摄影家将镜头对准了硕大的西瓜、甜瓜。

……

慢慢地，村两委领导悟出了这里边的"道道"，没用名人指点，经过群众同意，就在该村每家每户的墙壁上"描绘"了拥有商标的西瓜、甜瓜的各种图案。

这年夏天，镇政府举办了盛大的西瓜、甜瓜节。我鼓动两位村委领导："咱们也让群众挑选自己种植的西瓜、甜瓜去凑凑热闹吧。"

"走，吃瓜去。"村支书一拍桌子，立马动员几十名群众严格按照有关标准采摘了各自的西瓜、甜瓜，走上了镇政府"赛瓜"大赛的舞台。

有关专家按照相关评选标准进行了严格的评选，这个村几十名群众的西瓜、甜瓜获得了优胜奖。

怀抱奖杯，村两委两位领导对视一笑："老任，明年咱们自己聘请有关专家制定相应的标准，举办咱们自己的西瓜、甜瓜节，比比谁家的西瓜、甜瓜个最大、味最甜。"

"好啊，我支持你们。专家嘛，我负责找吧。你们避嫌为好。"

我没有理由不支持他们。

"还有，"村支书说，"老任，网红的力量不可小看，我要在我们村建一处网红打卡基地，这些网红可是我们村特色西瓜、甜瓜的宣传员、推销员呢，保不准，还能带动部分餐饮业发展起来。"

"你步子迈得可够大的。"我同他开玩笑道。

"你看我的就好了。"他竟孩子似的跳起来摘下了身旁的一片树叶。

你还别说，不到一个月的时间，该村村北一水库靠近西瓜、甜瓜种植基地的地方，新搭起了几座凉棚。凉棚内，石桌、石凳一应俱全，"西瓜、甜瓜网红打卡基地"的牌子醒目地立于一侧。

网红的嗅觉太灵敏了，慢慢地，他们来到了这里。

于是，抖音、快手等视频平台上，出现了该村注册商标的西瓜、甜瓜……

第二节　山前菊村的"菊文化"

有这么一个小山村，背靠蒙山，村前是一条弓形的小河，河水一年四季奔流不息。

传说乾隆年间，一位"高官"告老还乡，路过此地时，见这里山清水秀，于是就在此定居下来。这位退休老者平生爱养菊花，于是就在自己家的房前屋后，用竹竿做围墙，种植了一片又一片菊花。后来，其他一些菊花爱好者也陆陆续续来此安家落户，与老者为伍，一同种植菊花。

因此，这个小山村取名为"山前菊村"。

山前菊村发展到今天，已是拥有 1600 余名群众的大山村了。

村子大了，人口多了，但他们种植菊花的优良传统却没有丢。渐渐地，菊花栽培、种植成了该村的支柱产业，其栽培、种植的各种菊花常年被客户抢购。

前几年，该村一位在外地搞房地产的刘姓老板，对本村的菊花种植产生了新的想法。

他从房地产行业抽身，将资金投入到了家乡食用菊的生产中。他先是通过土地流转的方式，发展起了 20 余个食用菊大棚，种植了 10 余个品种的食用菊花，每棚产量 1500 斤至 2000 斤，培育出的食用菊花产量大，效益高。为此，他成立了一家集种植菊花及吃住游于一体的农庄，被流转土地的村民顺理成章地成了他这家农庄的菊农，随着农庄效益的不断提高，菊农的收入也水涨船高。

刘老板很有前瞻性眼光，他知道，秋冬季节吃菊花具有良好的保健功效，鲜食、干食、熟食，焖、蒸、煮、炒、拌、炸皆宜。就这样，他在农庄里组织工人将食用菊切丝入馅制成"菊花饺子"或"菊花点心"，将烘干的食用菊磨成粉，制成了菊花面条、菊花面叶。在此基础上，他还对食用菊进行了深加工，做菊花茶，酿菊花酒。他还和一家药厂合作，聘请有关技术人员提取菊花黄酮做保健品和药品。

见此状况，部分思想活泛的村民坐不住了，纷纷效仿刘老板。

一位姓王的小伙子在外地学厨艺，毕业后在一家规模比较大的酒楼跟着名厨师锻炼，学成归来，没事就在刘老板的农庄边转悠。转悠来转悠去，他看出了门道，于是向有关部门递交了建设民宿的申请报告。

那时，刘老板的农庄里还真没有民宿，前来观光旅游的游客"酒足饭饱"后都得到附近的县城或镇驻地住宿。

有关部门经过调研，很快就批复了他的申请。

这位王姓小伙子一下子拿不出那么多的资金，就联合村里10多个同龄人，拿出全部家当，在刘老板的农庄山前，建起了十几栋吃住一体的民宿。从此以后，外地游客来此可以融入自然、体验农事、享受民宿、品尝美食……因他们主打"价低质高、多彩服务、亲子休闲"等优质服务，观光客人络绎不绝。

镇政府因势利导，让我来到该村蹲点包村，一是协调有关部门规划一下，在该村前面小河的两岸，建一个小型的湿地公园；另一个任务就是动员村两委成员在该村建一栋小型的菊花博览馆；最后一个任务就是想方设法提升一下该村的村容村貌，打造该村的菊文化。

来到该村后，我向村两委成员和盘托出了镇党委、政府的意见，没想到前两个任务他们爽快地答应了，因为他们早就有了想法。而对于打造菊文化这个任务，他们不知从何处下手。

"放心吧。"我给村两委成员吃下了定心丸，"我帮你们。"

说干就干。

　　村两委一班人将村两委办公楼的一楼腾出来，简单整改、装修后，发动群众捐献了老式的种植、栽培各色菊花所需的"叉耙扫帚扬场锨"等农具及工具，烘干、晾晒的各色菊花，菊花制作的各色美食、美酒、美茶的模型样品及制作作坊简易模型等，布置了几个小展厅，建起了简易、小型的菊花博物馆，墙壁上题了有关菊花的相关介绍和有关菊花的古诗文，供游客参观游览。

　　关于在村前那条小河两侧建小型湿地公园的事，我和村两委成员一起到那里进行了规划。对所需苗木，该村年轻的支部书记说："所需菊花好说，我们村就是栽培、种植这个的，其他装饰性、观赏性的苗木、花草怎么办呢？"

　　"集思广益啊。"我对村支书说，"要不晚上咱们去拜访刘老板他们？"

　　"行。"大家都明白我什么意思。

　　晚上来到刘老板山庄的办公室，我们一边品尝着美味的菊花茶，一边商量小湿地公园建设的事。刘老板很爽快："这样吧，我和那十几位办民宿的老板商量一下，我们给捐赠部分苗木、花草。"

　　很快，刘老板联合十几位民宿老板送来了我们需要的部分苗木、花草。村两委经过简短商议，又用集体积累的资金购买了部分苗木、花草，当年该村的小型湿地公园就建成了。

　　从此，这个小小的湿地公园小广场，晚上就成了大妈们跳广场舞的舞台；一片片草地的私密处，则成了年轻人谈情说爱的场所。

　　我趁热打铁，又和村两委一班人商议，以此为契机，引导村民们树立环保生活理念，养成绿色生活方式，做好垃圾分类，整治提升村容村貌，让群众的幸福感越来越强。

在此基础上，我们开展了系列"菊文化"活动，并将这些活动"程序化"地固定下来，每年的这个时间点照例举行。

每年春秋两个季节，在小湿地公园的小广场边，搭建起小型主席台，布置好造型各异的各色菊花，举办"山前菊村"小型农民运动会，项目有接力赛，接力棒是一束菊花；迷你马拉松，运动衫上印制着精美的菊花，运动员跑起来，英姿飒爽，就像一束束菊花在迎风招展；广场舞比赛，获奖者得到的奖品是菊花制作的美食、美茶、美酒；秧歌队表演赛，大爷大妈手中挥舞的不是彩带，而是印有绽放着花蕾的菊花的绸缎……这么说吧，一场小型农民运动会，就是一场各色菊花绽放新姿和青春的表演赛。

一开始，这样的运动会只是该村群众自娱自乐的一种方式，后来随着附近村庄村民和外地游客的围观，这样的运动会竟成了该村一道亮丽的风景。

有了这个成功的经验，村两委一班人又在刘老板创建的农庄前边的广场上，建起了美味菊宴一条街。为了搞好这种"文（菊文化）旅（旅游）一体"的活动，他们将5000余盆不同颜色的菊花搭配摆放在现场，设置了近30个展位，汇聚了该村全部的菊花食品及菊花酒、菊花茶等，还"捎带"上了当地诸如小米、瓜干、草鸡蛋、艾草等优质农产品和文创产品、非遗产品等。在这条街上走走，人们会惊奇地发现，这里不但推出了"菊文化展台"，还建有令人流连忘返的"舌尖上的菊花"美食区，主人现场为客人制作"菊花佳肴"，让游客一饱口福。

山前菊村虽说深藏在大山里，但随着该村名声远扬，附近几所大学的领导、教授、学生走进了该村。经过一番商议，植物学院的几位教授将有关菊花的科研项目搬迁到了该村，从此，该村和大学联姻的产学研项目在此落地生根了。美术学院的教授也带着学生走进了该村，将这里选为学生的写生基地。另外，一些文朋诗友和摄影爱好者也走进了该村……

时机成熟了，我建议村两委举办书画、摄影作品展，举办有关菊花的诗歌朗诵赛，提升我们的品位。

村两委领导采纳了我的建议，每年春天举办有关菊花的书画、摄影展，每年秋天举办有关菊花的诗歌朗诵赛。

春天来了，村里在显要位置布置了展台，本地书画家、摄影爱好者的作品在此一展风采，引得游客纷纷购买。

秋天来了，村里同样在显要位置搭起了舞台，诗歌朗诵者纷纷走上舞台"高歌一曲"，一决高下。"待到秋来九月八，我花开后百花杀。冲天香阵透长安，满城尽带黄金甲。""秋丛绕舍似陶家，遍绕篱边日渐斜。不是花中偏爱菊，此花开尽更无花。"……一首首有关菊花的诗便飘荡在了山谷间。

第三节　山蝎养殖专业村的文化振兴之路

在这个镇西北角的一座大山前，有这么一个小山村，全村人口不足 300 人，全部姓王。

在这个独特的山村，几乎每家每户都有养殖山蝎的"技艺"，未养殖山蝎的几户农家，也从事同养殖山蝎相关的产业——养殖蝎子饲料黄粉虫。

向该村的老人打听该村养殖山蝎的历史，老人们指着背后的大山说："我们听父母说，过去这山上的石缝里、石片下，存活着山蝎。因为山蝎有药理作用，他们就上山抓来卖给开药铺的郎中。"

确实，山蝎是一种中药，功能主要是清热解毒、息风止痉、活血化瘀、舒筋活络、滋阴补肾等。

老一辈的人是上山抓蝎，卖给那些开药铺的郎中。随着野生山蝎日益减少，该村群众在上个世纪就另辟蹊径，开始养殖山蝎。后来，因最初养殖山蝎的几户群众发了家致了富，村民便纷纷效仿。慢慢地，该村便发展成了山蝎养殖专业村。再到后来，该村群众变"粗放"为"精细"，又对养殖的山蝎进行深加工处理，加工烹饪成多种美味佳肴。该村注册商标的油炸全蝎、醉全蝎等菜品早已上了宾馆、饭店和寻常百姓的餐桌。

这样一个以养殖山蝎为支柱产业的山村，如何走好文化振兴之路？当镇党委、政府领导把这一任务交给我的时候，我心里掀起了波澜。

我和一名同事骑车来到该村转了一圈，找到该村的负责人——一位年龄不到 35 周岁的养殖山蝎的王姓小伙子，开门见山地说明了我们的来意。

小王很爽快："两位领导要不在我们村待几天调研一下，我们再一起规划？"

到底是年轻人，思想就是开放。见小王这么痛快，我们简单地碰头后，就开始了工作。

根据该村的特色，我们主打旅游牌，设计了"传承与创新并重"的乡村旅游特色村规划，目的是在传承中创新，为游客提供富有情趣和深度的文化体验。通过融合乡村传统与现代旅游，小山村可以成为既有浓厚文化底蕴又具有现代活力的旅游目的地，为游客带来难忘的乡村文化之旅。

其"乡村旅游特色村规划"是这样的——

乡村文化旅游特色村规划设计

1. 定位与目标：明确小山村定位，融合文化、自然和旅游资源，旨在打造一个具有吸引力、丰富内涵的旅游目的地。

2. 文化传承：保护、传承和弘扬当地乡村文化，如传统的山蝎养殖、传统的山蝎深加工工艺、传统民俗以及活动等，为小山村注入独特的文化底蕴。

3. 创新体验：设计创新的旅游体验项目，结合科技、互动、教育等元素，为游客提供多样化的乡村体验，比如山蜗生活欣赏、山蜗喂养、山蜗深加工手艺等。

4. 空间规划：合理规划小山村的空间布局，包括文化展示区、休闲娱乐区、特色街区等，确保游客游线畅通。

5. 建筑风格：根据山村群众居住房屋以薄石片为原料铸墙做瓦的特点，将传统建筑元素融入现代设计中，就地取材，打造具有该村特色和文化特征的文化展示区、休闲娱乐区、特色街区。

6. 特色活动：设计丰富多彩的有关山蜗养殖、深加工的特色活动，比如特色文化展览、特色民俗表演、特色手工制作等，吸引游客参与。

7. 交通便捷：考虑交通便捷性，与周边城市或景区相连，提供便利的交通选择。

8. 环保理念：引入环保理念，倡导可持续发展，确保小山村与自然和谐共存。

9. 餐饮与住宿：提供地道的乡村美食和独特的住宿体验，让游客感受本地生活特色。

10. 文创产业：发展文创产业，推出与乡村文化相关的创意产品，增加小山村的文化内涵。

11. 村居融合：与当地周边小山村的群众合作，促进村居融合，让小山村成为游客和居民共享的文化空间。

12. 宣传推广：制定全面的宣传推广策略，借助媒体、网络等渠道，将小山村的独特魅力传播出去。

13. 管理与运营：建立科学的管理体系，保障小山村的正常运营，提供优质的服务。

依据此"规划"，我们开始了行动。

我们在初期调研时就发现，这个不起眼的小山村，拥有丰富的文化资源，有明代建筑遗存"王氏祠堂"，有清朝年间栽下的桂花树。有村东北角的山泉的滋润，桂花树现已长成参天大树，周边还有许多"嫁接"的小桂花树……

文化振兴是乡村振兴战略的重要内容，也是传承传统文化、建设乡村文明的重要途径。对此，我们提出了"文化立村、文化兴村、文化强村"的发展思路，以文化传承工作为切入点，为村民提供个人、家庭、群体、村居等层面的多元化服务，提升村民对村居文化的关注度和参与度，营造团结的村居参与氛围。

我们据此开展的工作千千万万，在这里只介绍其中的四项重点工作。

我们做的第一项重点工作是"整合村居力量，寻找文化根脉"。

该村规模不大，但建村历史却很长。古代建筑的房屋保存完好，随着时代的变迁，年轻一代村民对村落的历史起源和发展脉络缺乏了解，对本地传统文化的认同感和归属感较低。部分传统习俗正逐渐淡出人们的视野，其背后的故事已鲜为人知。

为了寻找该村的文化根脉，我们首先找到了一位文笔较好，对撰写村史颇有兴趣的退休教师加入了我们的队伍。在该村负责人小王的支持下，我们搜集关于该村的文献资料，了解该村的文化发展脉络，多次拜访对该村历史有一定了解的长者，从长者的口述中发掘该村原有的资源与特色。

一位年近九旬的老爷爷告诉我们："我大脑里储存着好多有关我们村的老故事,希望这些祖祖辈辈口耳相传的故事能继续流传下去。"作为土生土长的本村人,老爷爷最大的乐趣就是每天倚着那棵大桂花树眯眼打盹,"祥林嫂"般地反复向路过的村民讲述以前村里发生的大事或趣事。通过老爷爷的口述,我们收集了大量的本地历史文化资料,如童谣、传说等,为该村的文化培育发展奠定了良好的基础。

我们做的第二项重点工作是"融入创意元素,活化乡村记忆"。

资料收集整理完毕后,如何通过接地气的方式让历史文化融入村民的生活,让村民从中感悟历史、保护历史,是重塑乡村文化的一大难题。对此,我们围绕该村本土文化拓展各种主题课程,让青少年认识本土文化,并运用艺术创作、方言配音、绘本创作、戏剧表演等创新形式进行文化传承。

以该村"山蝎养殖、加工文化"为例,饲养山蝎和山蝎深加工是该村特色支柱产业,并形成了独具特色的"老式"和"现代"的"饲养山蝎和山蝎深加工"文化。因老式的饲养山蝎和山蝎深加工不够现代化,且工艺烦琐,已渐渐淡出了村民的视线。老式饲养的山蝎深加工产品因口感好而倍受人们喜爱,但因其费时费事而逐渐被淘汰。为了让更多村民了解并传承这种文化,我们多次组织本镇的绘画爱好者来到该村进行艺术创作,形成艺术画册,将成果带进学校、家庭,从而将这种独特的文化传播得更广。

我们做的第三项重点工作是"发展村居组织，推广本土美食"。

在现代化浪潮的冲击下，人们趋向于简单而养生的饮食文化。那些制作工序复杂且只有传统节日才会出现的本土传统美食，面临着消失的危险。"我们小时候就是吃着这些传统小吃长大的，对这些小吃很有感情。等我们这一代人'走'了之后，可能就没有人会做这些传统小吃了，很可惜啊！"该村的一位老奶奶说。

为了留住舌尖上的乡村记忆，我们发动该村的家庭妇女，将祖辈流传下来的山蝎美食菜谱拿出来，在本村美食街向游客展示，让她们从文化的受益者转变为文化的传播者。

在大家的不懈努力下，家庭妇女们化身为推广大使，向游客宣传几十种山蝎传统美食，颇受游客欢迎。

我们做的第四项重点工作是"培育导游队伍，讲好乡村故事"。

为了更好地展示该村的文化底蕴和文化资源，我们在该村选拔了几位具有中专学历的女青年，"公费"对她们进行导游知识的简短培训和思想教育，组成了一支村文化导游热心志愿服务队。经过实践和锻炼，这支村文化导游热心志愿服务队怀着同一个愿望，就是要将她们眼中的村文化与特色向外推广，为她们村的文化传承发光发热。后来，我们还"链接"专业的培训导师，为这支年轻的文化"导游队"成员提供系统的导游知识和技能培训，提升了"导游员"的专业水平。

文化导游队以大家喜闻乐见、更贴近村居的方式接待游客，在导游中呈现该村的历史底蕴，增强了该村的文旅影响力。据估算，仅 2023 年，该村文化导游队共接待游客约 3 万人次。

第四节　板材加工村建起了文化合作社

D 村是跟我工作所在镇政府毗邻的一个乡村工业比较发达的经济强镇的一个板材加工村。

这个 1000 余户近 3000 人口的大村，在那个镇里可是鹤立鸡群。这么说不是因为别的，而是因为这个村的板材加工业规模相当了得。

这么说吧，除了老弱病残家庭没有自己的板材加工企业，其余的家庭都有自己的板材加工企业。也就是说，能撑起一片天的家庭，都有家庭板材加工企业。据该村负责人介绍，他们村的板材加工企业，资产及产值过亿的有 24 家；资产及产值过千万的有 107 家，其人均年收入比欧美等发达国家的还要高。

这年春天，市委、市政府及区委、区政府想把该村建设成为"乡村文化振兴示范村"，以此促进精神文明建设。鉴于该村"人人都忙于企业发展"的现实，区政府从各乡镇、街道抽调了部分文化口的工作人员，由区政府文旅局副局长老钱挂帅，前来协助该村高标准、高规格地进行文化建设，打造一个"乡村文化振兴"的新高地、新样板。

我们这个 20 余人的工作组驻扎该村后，村支书及村民委员会主任和我们一起起早贪黑地进村入户调研。调研一结束，老钱立即组织我们召开务虚会、务实会，烧了"三把火"，全力推进文化建设工作。

第一把火就是冲天大火。

那天晚上，老钱让村支书下发了在村委会议室召开由全体党员参加的"文化振兴揭幕会"。在那次揭幕会上，老钱向全村党员宣布了要在该村成立"文化合作社"的决议，并严肃地指出："这个决议是我们经过深入调研，在充分了解村情、社情的基础上，参考外地乡村文化振兴的成功经验做出的决定。对这个决定，区委、区政府给予了充分肯定。希望今晚参会的同志们给予大力支持。"

见参会的党员没有任何异议，老钱便提议大家投票产生"D村文化合作社"的首任社长、副社长和成员。

经过投票，德高望重的村支书当选为D村文化合作社首任社长，年轻有为的村民委员会主任小曹当选为副社长，22位有公益责任心、热爱文化事业的老中青党员当选为成员。

说干就干，D村文化合作社成立的当晚，老钱便带领我们迅速召开了首次会议，文化合作社社长、副社长、成员全体参会。会议的主题就一个：推荐该村的文化能人和文化积极分子，帮助他们迅速成长为D村文化合作社的骨干力量。经大家推荐，该村43名文化能人和文化积极分子被列入我们的考察名单。

第二天，我们配合社长、副社长和骨干成员，对推荐的文化能人和文化积极分子逐一考察、遴选。经过考察、遴选，33名文化能人和文化积极分子进入了"D村文化宣传员"的队伍。

实话实说，这支年轻的队伍，真的缺少几位领头人。

我们工作组经过简短商议，决定做做村支书老于和村民委员会主任小曹及几位骨干成员的工作，让他们在文化宣传员这支队伍里做领航员。

　　老钱和我们刚跟他们说明了我们的意图，老于就连忙摆手说："我五音不全，唱歌都跑调。要是让我登台表演，群众还不笑掉大牙。"村民委员会主任小曹附和着说："上初中时，我爱好打篮球，是学校篮球队的骨干，其实就是一个'半吊子'，水平稀松。"老于像是想起了什么，愣了一下，转过头来问他："我想着你说过，你上高中时不是跟着你的音乐老师练过二胡吗？"小曹的脸唰地红了："别提了。我跟着老师才学了几天啊。这么多年过去了，我连二胡都没摸过，早就忘到爪哇国了。"说到这里，小曹转身对一位老党员说："大爷，您不是会唱老戏吗？您老挑头再把咱们村的戏班子办起来吧，春节、元宵节给咱们村的群众乐和乐和。"这位老党员一摆手说："办不起来了。和我轧伙计的老哥们儿有的已经过世，有的患病常年卧床不起，难以聚在一起了。再者说了，那些服装道具早期保存在村委的老仓库里，仓库搬迁了好几次，服装和道具现在恐怕找不到了。"

　　听他们这么一说，老钱和我们心里有底了。

　　老钱说："我们工作组的同志，都是镇里的文化骨干，有的能歌善舞，有的喜欢舞文弄墨……你们放心就是，我们工作组的同志负责给你们培训，让你们迅速成长为我们村文化建设的领航员。至于所需的服装、道具，村里一定处理好，解决你们的后顾之忧。"

　　雷厉风行是老钱的工作风格。

　　考虑到该村党员、群众白天都在自己的板材企业里忙活，我们决定培训"领航员"的工作晚上在村委大院里开展。

第三天晚上，D村村委大院里灯火通明，好不热闹。

我们根据分工，有的教热爱乐器的党员弹乐器，有的教喜欢竹板的党员打竹板，有的女同志则培训妇女主任和女党员扭秧歌或学唱流行歌曲、跳广场舞，一位喜爱唱老戏的乡镇文化站老站长则和该村那位老党员及一众喜爱老戏的党员排练起了《四郎探母》《打渔杀家》等古装戏……

难能可贵的是，另一个乡镇文化站没有被选拔到工作组的一名老同志，自告奋勇前来报到了。他说，他因热爱表演，曾利用节假日、周末，到一些影视基地当过演员；曾在《混世魔王刘黑七》《血染大青山》等电影里扮演过一些小角色。因此，他积累了一定的影视表演经验，从老艺术家身上学到了一些表演的技能和技巧。说到这里，他嘿嘿一笑说："我可以带领党员们自编自导自演一些乡村情景剧。"

就这样，随着我们的"培训事业"渐入佳境，附近乡镇没能进入工作组的文化口的同志，牺牲了节假日、周末，自觉地加入了我们的队伍。

经历了无数个夜晚的紧张培训，D村的村两委成员及绝大多数党员同志，人人都掌握了一门或几门"绝技"，村党支部一班人，把新时代基层党支部工作融入了文化合作社的各项活动中。他们起初是配合我们逐一进村入户发动群众的，后来他们委托他人打理自己的企业，自己义务组织群众演出，开展各类文体活动。最初，亮开歌喉放声唱第一首歌曲《咱们村里的人》的，是支部书记老于；奏响二胡独奏《打虎上山》的，是村民委员会主任小曹；第一个站在舞台上摆动长长的衣袖，哭喊一声"老母啊"，演出古装戏《四郎探母》的，是那位老党员，表演第一部大型实景剧《妯娌之间》的，是妇女主任和计生主任带领的一帮家庭妇女。

这么说吧，在该村的文化合作社建设中，始终冲在最前面的是党支部一班人和党员。

有了这个基础，老钱带领我们给该村烧起了第二把火。

这把火就是让 D 村的群众，每人都掌握一门或多门文化专业或特长，把 D 村建设成为学习型的村庄。

理想很丰满，现实却很骨感。

那天傍晚，当我们在村委大院里召开全体村民大会，把我们的意图和盘托出时，村民一下子炸了锅。

一位高嗓门且大胆的大嫂站起来高喊一声："老钱，俺家祖辈上没有会唱歌的。"

她这么一说，村委大院像乡村集市一样"沸腾"了。这位大哥说："可别折腾俺了，俺可不会演节目。"那位刚娶进门的小媳妇说："俺是一个中专生，上学时就老老实实、本本分分的，从来没学过跳舞什么的。"

村民的反应，其实已在我们的预料之中。

如何破题？

老钱拿出了我们和村两委一班人商讨的建议，那就是成立"D村文化合作社农民夜校"，聘请专业人士，免费培训村民，使其"人人爱学习，人人有专业"。

　　经过紧张的筹备，那天傍晚，D村文化合作社农民夜校开班上课了。然而直到夜里9点，夜校都要熄灯关门了，前来学习的群众也只有寥寥十几个人。而且，这十几个人还是怀揣"看热闹"的心态前来学习的。

　　现实给我们泼了一盆冷水。

　　不过，老钱就是办法多。

　　那晚，老钱召集了村两委成员、党员及其家属开会。会上，老钱说："村两委成员、党员的家属率先学唱、学演、学跳，给群众起个模范带头作用。我们建议村两委，把这个作为'好媳妇''好婆婆''好家庭'评选的加分项。"

　　会后，老钱带领我们逐一做村两委成员的工作："你是党员，要起模范带头作用，我就不信你不能把家属拽来学习。"受老钱的影响，我也学会了做村两委成员和党员的工作："那谁谁都表态了，今晚就动员他媳妇来学习，你可不能落后。"

　　得益于巧妙的工作方法，村两委成员及其家属终于安心地坐在夜校里学习了。

　　干部、党员家属带了头，男性群众和他们家属的思想工作就相对容易做了。不到两周的时间，夜校里坐满了人。

　　掌握了基本功之后，各类活动就要开展起来了。

　　专业的人干专业的事。

　　在我们这里，柳琴戏是非常有名的。附近一个村号称武术之乡，村里有许多"武林高手"。我们市里一所大学的音乐学院和区政府文旅局是战略合作单位。

这些资源如果能为我所用，D村文化合作社建设事业的腾飞就有希望了。

老钱给我们分了工，各自发挥优势，去聘请"外教"。

我对武术之乡很熟，于是举手报名，骑上电瓶车就跑到了该村。通过做工作，该村8位"武林高手"来到D村免费当起了武术教练。一位同柳琴戏团比较熟悉的女同志，请来了柳琴戏团4位漂亮的女演员当起了老师。老钱呢，则发挥"领导"优势，驱车跑到了那所大学，请来了几位教授和他们的得意弟子。

有了名师指导，D村的武术团、柳琴戏团、文创团、曲艺团、古装戏团、秧歌团、老年舞团、广场舞团、流行歌曲团、器乐团等相继鸣炮成立了。学员们在专家、教授、高手的指导下，有板有眼地在"学习—演出—学习"中成长起来了。

老实说，D村群众文化艺术水平的不断提高，有力地支撑了村民的创作和演艺能力。

老钱带领我们给该村文化合作社烧的第三把火是"文化带动板材加工产业发展，产业发展反哺文化合作社发展"。

这绝对是一个大手笔。

老钱说服D村村两委一班人，投资建起了"高端大气上档次"的文化剧场，室内剧表演团的演员，排练表演了改编的《朝阳沟》，《妯娌之间》经过不断打磨，也搬上了这个大舞台。古装戏团的同志除了日常排练演出《四郎探母》《打渔杀家》外，还改编、排练、演出了"现代京剧"。D村板材业发达，生产的高档环保的复合板、压合板、家具板出口到欧美等发达国家，村集体积累很厚实。为了调动群众演出的积极性，村两委采纳了老钱和我们工作组的建议，群众在剧场里每演出一场，都给予一定的报酬。

D村是著名的板材之乡，每天都有慕名前来参观学习的干部、群众。为此，老钱说服村两委一班人，采取文旅结合的模式，以"文化合作社 +N"的模式进行运作，形成了集手工艺品加工制作、沂蒙山特色小吃街、沂蒙山特色乡村民宿、大中小学研学基地等于一体的产业结构，拓展出了板材角料手工艺术品生产、曲艺小剧场、农民自拍小视频、传统柳琴戏、豫剧、武术表演、传统曲艺展演等多种文化产品。

有了这个基础，D村村两委一班人还与多家旅行社签署合作协议，确保剧场有长期稳定的客流。

客流来了，来该村投资兴业的外地人来了。他们带来了高端板材业项目，促进了该村板材业的转型升级。

D村板材业转型升级的成功，带动了周边各村板材业的转型升级。

就这样，D村"文化搭台，经济唱戏"的发展模式进入了佳境。

第五节　休闲观光旅游村文化振兴之举

一年秋天，邻乡召开文旅融合发展研讨会，因我在乡村文化建设中做出了一定贡献，领导决定派我参会。

那次会议上，该乡党委、政府领导同志突然宣布了一个决定，要将辖区内的一个行政村整体搬迁，将搬迁后的老村落建设成为一个休闲观光旅游村。

经介绍我才知道，这个小山村人口不足 500 人，是一个远近闻名的贫困村和濒临消亡的"空心村"。这个村子周围全是山岭薄地，全村只有几条狭窄的羊肠小道供村民出入，交通十分不便。村里群众人均几亩山岭薄地，全部以种地为生。由于缺乏水源，旱涝都不保收，村民只能靠天吃饭，生活极度贫困，村集体更是没有收入来源。也正是由于这个原因，该村的竹林、泉水、古村落被完美地保留了下来。

我们以"泉"为例。

老人们说，明末兵部右侍郎高名衡曾经在这里的竹林下避过暑。当时他在泉眼北面修建了"避暑山庄"，并且沿着泉水修建了水榭凉亭。那时的泉水水量较大，他在凉亭里喝酒吟诗，让厨子在泉口上游烧了菜、斟了酒，顺水放流。酒菜来到凉亭下，就会被亭下的竹篱拦住，听到竹篱上有铃声响起，喝酒的人一弯腰就可以把酒菜端上桌来。

讲完这个故事，年轻的乡党委书记说："我们要挖掘'竹文化＋泉文化＋古村落文化＋沂蒙老区文化'内涵，努力建设国内一流的乡村休闲旅游产业区，让周边更多村民共享发展成果，成为秀美画卷上浓墨重彩的一笔。"

由于要整体搬迁村庄，搬迁过程中还要小心谨慎，完整地保留旧村落的"一山一水、一房一瓦、一草一木"，因此就需要几十名乡镇工作人员协助群众搬迁。

新的村居建好后，搬迁工作几天就完成了。

不久之后，外地一家文创公司走进了该村。

那时，这个古朴小山村的旧村落，只用钢竹扎起的一道篱笆把旧村居围了起来，虽然村内有竹林、泉水、古村落，但沂蒙山区这样的村落有很多，根本吸引不了游客前来观光游玩。鉴于此，必须加大投入，对该村的老村居进行改造，依据该村旧村居的特点，打造几个特色景观，使其成为一个独具特色的旅游村居。可是文创公司的设计人员却告诉我们，这里存在着如下问题：第一是产品结构单一，没有特色产品，游客没有前来观光的欲望；第二是怎样让游客切身感受到乡土气息，驻足游玩，产生消费欲望；第三是淡旺季游客落差明显；第四是仅靠导游带团来景区，不能形成稳定的现客流；第五是设施老化，必然面临缺乏维护费用等问题。

如何解决这些现实的问题？

文创设计人员经多见广，提的建议非常棒。

他们说，用"竹文化＋泉文化＋古村落文化＋沂蒙老区文化"

来打造特色旅游村。

资金从哪里来？

这时候，一位酷爱文旅事业的本地儒商听说了这件事，跑来考察了一番，毅然同该村签署了合作协议，决定投资建设这一旅游胜地。

经过一番改造，这个旅游观光村开门纳客了。

这天，这个古朴的旧村落升级之后迎来了第一批游客，游客们风尘仆仆地来到这个古朴的村落，尽情地参观体验竹编、草编、黑陶、古箭等民俗作坊，体验非遗文化、传统手工等项目，感受乡村民俗文化。

文创设计人员与当地党委、政府协商，决定将这个古朴的旧村落总体定位为：以沂蒙古村生态和古村民俗为资源优势，以"竹""泉""村"为突出特色，打造具有显著沂蒙特色，集泉乡个性、竹乡景观、农家风情，融观光、度假、休闲等功能于一体的综合性旅游目的地。

以竹为名，文创设计人员在打造美食街时，充分结合了这个旧村落的特色。木质的小吃车、古朴的招牌、竹林掩映中的店铺，与村内的竹、景、建筑融为一体，处处透露着清新与温馨，无论是在视觉上还是在环境上，都给顾客以美的享受。

无论是沂蒙特色，还是网红美食，这儿应有尽有，就连每一个商铺都是一道独特的风景。

在一饱口福之后，不少游客都把手工煎饼、粉皮，还有自酿的竹泉酒等美食作为一种记忆带回家，或自己回味，或赠予亲友。

走进这里，人仿佛到了江南水乡，仿佛穿越了时空，进入了一个梦幻般的殿堂。"清泉石上流"，不再是江南水乡的代名词，在这里也成了现实。泉溪和翠竹几乎布满了村庄的每个角落，在炎炎夏日里，使人感觉凉爽舒适。翠竹青青，挺拔茂盛。泉溪潺潺，流淌在"秀水街"中央的石砌路面上。这里风景如画，处处迷人。它依旧保留着古村落那原有的风貌，竹林、石屋，以及各种民俗风情。

不论是什么层次的文旅景观，凝聚人气是最重要的。

如何凝聚人气？

作为一名被抽调的外乡镇文化口的战士，我大胆和该村居负责人及有关文创设计人员一起商讨了一个方案。

具体操作如下：

第一，白天以文化体验、互动娱乐、拓展运动等大众娱乐与多维感知为主。

第二，夜间则以光影氛围、光影演绎、互动空间、主题活动等多元展现为主。

第三，植入新潮的节庆活动，持续增加知名度，引爆区域休闲消费。

第四，植入夜间旅游产品，塑造核心吸引物，构建特色体验区，打造昼夜主题风貌。

在这里，场景式体验无疑是"重头戏"。

然而，场景式体验要如何为沉浸式文旅赋能呢？

我们商讨了"三个赋能"。

　　三个赋能，首先要为文化赋能，每一种美食背后都蕴含着不同城市的特色文化；其次是为消费赋能，餐饮、娱乐、演绎等诸多业态中，餐饮充当起点和终点，留住顾客；再次是为场景赋能，吆喝声、气味、产品展、人流都是场景的组成部分。

　　总之，沉浸式文旅体验是围绕游客全方位展开的，而最直观的方式就是美食的味道、口感，游客只有亲自品尝才能真切感受到。

　　"理想"构建出来，"变现"需要实打实地干。

　　建设旅游景点美食街所需要的独特装修材料买不到，怎么办？

　　项目不能搁置，要按期交付。办法总比困难多，我们和文创设计人员、建筑方一起想办法。人多主意多，文创设计人员和建筑方因地制宜，就地取材，砍竹子砍木材，把这个古朴山村的竹子、木材、草、石转换成建筑材料，比如用竹筒做灯，打造出具有当地特色的如今呈现在大家面前的美食街。

　　要开工兴建时，由于当地村民大多外出务工或到外地做生意，竟招不到建筑工人。没有工人怎么干？我们坐在山石间想办法，最终形成的方案是，招不到工人我们就自己干，保质保量如期完成项目施工。

　　在这期间，文创设计人员驱车千里，现场办公，确保了项目的稳步推进。

　　显然，该旅游景点美食街火爆的背后，是村两委领导、文创设计人员、投资方、建筑方付出的辛劳和汗水。

　　美食街开展了"推出新品、找明星代言"等营销活动，紧扣"有特色、高品质、高颜值、安全卫生"这一主题，前来参观的游客比肩接踵，来此品尝美食的顾客络绎不绝。

这个旅游景点美食街的火爆，不仅带动了村景区的经济发展，而且为我们繁荣中国餐饮文化带来了信心，赋予了能量。

在这个文旅景点美食街上，顾客无须为选择何种美食而烦恼，美食街中的小吃都经过精挑细选，从众多同品类竞争者中脱颖而出，确保小吃的地道风味。

另外，在近百家民俗作坊、文创店铺以及特色餐饮小吃商家中，找不到两家一模一样的店铺，保证了"一店一品"，拒绝千篇一律。

如今，这个文旅景点美食街北至景区民宿区，南至泉水广场，东至景区东门，西至泉乡大道，业态丰富，有地方小吃、老字号、地方经典菜品等。

一花独放不是春。

随着美食街的火爆，我们又邀请著名文旅专家来此考察，对项目整体商业模式进行重构，对该文旅景点近百家民俗作坊、文创店铺、特色餐饮和网红小吃等进行了提升和改造，对整体环境氛围进行了全新规划和设计。如今，在这里，徒步旅游、自行车旅游、垂钓、游泳等活动时常开展；皮影、泥塑、剪纸等随处可见；传统手工艺制作、农耕体验、民宿、旅游纪念品、拜福禄寿三星纳福、网红打卡巡游互动、欢乐大马戏、吉尼斯汽摩特技等逐一"上演"。春节期间，这里还举办了"龙转钱坤，'竹'你好运趣游园会"活动，为市集增添了热闹氛围。除此之外，这里还推出了"吃货节"等一系列活动，平日每晚接待游客五六千人，周末的夜晚更是有上万人来到这里观美景、品美食，感受绿水青山带来的全新体验。

更为令人惊奇的是，这里还有"老式"婚礼表演——

唢呐声起，锣鼓敲击，"新娘"身着大红嫁衣坐上平衡车，欢歌笑语中，迎亲团队声势浩大地奔向"新郎"家……这是该文旅景点"十里红妆"民俗文化婚礼演出的场景。这样特有的婚俗"模拟"，与目前的新式婚礼相比，倒更像一股清流。

就这样，"空心"原生古村落摇身变成了年接待游客超100万人次的4A级景区。

第六节　思考

作为一名乡镇基层文化站所的干部，在深入乡村指导开展文化振兴活动时，应顺势而为，顺应文旅融合发展的趋势，不断推进文旅融合向纵深发展，这既是不断提高群众幸福指数，满足群众对美好生活向往的需要，也是促进乡村经济转型升级、绿色发展、低碳发展的需要。

当然，各村有各村的实际，各村有各村的特色，更重要的是，各村有各村的根和魂，从这一点出发，我们在振兴乡村文化时，就要把乡村的"实际文化""特色文化"挖掘出来。在挖掘这些文化的过程中，我们首先要考虑的是这些独特文化的价值，把其中能唤醒我们良知，激发我们上进的"内核"展现出来。尽管这些内核是传统的，但是传统的"良好"更需要我们继承和发扬。讲好"内核"故事，塑造"实际""特色"文化品牌，乡村文化振兴就能"强"起来。在促进乡村文化振兴的过程中，融合旅游元素，打造文旅融合、独具特色的精品，文旅产业必定呈现出独具一格的"亮点"，有了这些亮点，我们的乡村旅游不就一下子"火"起来了吗？实际上，通过文旅融合发展，我们树立了乡村文化自信；通过文旅融合发展，我们把"自身"的乡村文化元素融进旅游产业，使其变成新质生产力，最终成就特色经济，让本地群众享受新质生产力和特色经济发展带来的幸福。

彰显地域文化特色，促进文旅融合发展，是振兴乡村文化的模式之一。

这种模式，要注重4个"+"的融合发展。

"文旅融合＋多元发展"。在推进文旅融合发展的过程中，我们不能畏手畏脚，要大开大放，促进农业、产业、人才、教育、体育、休闲度假、养老康养等产业多元发展。

"文旅融合＋产业振兴"。观光旅游、采摘园地、特色小吃、网红打卡、手编草编、乡村民宿、农家乐、游乐园、亲子体验、劳动体验等"附加产业"，是文旅融合发展的"附带产业"。然而就是这些"附加产业""附带产业"，成了当地群众增收、创收的主渠道。无形中，文旅融合发展，振兴了以"服务"为本的产业。

"文旅融合＋人才培养"。我们不难看出，这5个文旅融合发展的案例中，通过举办非遗展示、美食节、摄影大赛、诗歌朗诵等活动，发现了一批非遗传承人、餐饮名厨，假以时日，订单培养，定向培养，他们一定能成长为优秀的乡村文化振兴人才。通过观摩、学习，本村旅游"胜地"的设计、策划、经营、导游等一批乡土人才脱颖而出，如果将其纳入"乡村文旅智库"进行定期培养、使用，这支本土高素质专业化人才队伍必定会展翅高飞。组织学生进行"乡村研学"，引导家长带领孩子前来"亲子游"，就能在孩子心中埋下到乡村创业的种子，通过教育、培养，他们定会成长为一批优秀的农业科学家或乡村振兴的优秀人才。

"文旅融合+生态保护"。文旅融合发展景点中，农耕文化中的乡愁记忆、民风民俗是"重头戏"，定会树立起游客的保护信心。其中的青山绿水，定会提高游客对保护绿水青山的重视。新鲜空气也是宝贵的乡村旅游资源，这也一定能增强游客对乡村生态环境的保护意识。

第三章

激发奋进新时代的昂扬斗志

——乡村文化振兴的工作模式之二

第一节 "名人文化"建设

那些年,我们这一带受板材专业镇的影响,板材业迅速发展起来,各个类型的板材企业如雨后春笋。

物质文明迅猛发展,精神文明建设却显得十分滞后,特别是文化振兴滞后日益凸显,村民多年积累下来的陈规陋习,在不知不觉中,影响着经济建设的发展。

有两个行政村,以板材业为代表的小作坊发展得十分迅猛,但与经济发展不能同步的东西太多了。

这两个行政村,多数村民忙于打工挣钱,各家各户房前屋后、庭院门前的垃圾"堆积如山";庭院大门前虽说有修好的下水沟渠,可由于排水不畅,致使污水泛滥,臭气熏天,村内的几个汪塘成了污水的聚集地;有的村民竟在自家板材企业的角落里用石棉瓦搭建不分男女的简易厕所;几户养殖家禽的村民,竟将家禽粪污随意丢弃到村外附近的树林里。更为严重的是,这两个村的村民竟随意在房前屋后、乡村公路边晾晒板皮,严重影响了村容村貌的"亮度"。

要想对这些问题进行治理,必须先转变群众的观念,只有群众的观念转变了，一切才有可能水到渠成。

先说第一个行政村。

20世纪改革开放初期，这个村里有30余位村民外出打拼，时至今日，有的早已功成名就，退下来安享晚年了。

这个村里有一个张大娘，一生乐于助人，是村里有名的"好人"。有的群众说，邻居忙于打工挣钱，孩子放学后父母没时间接，张大娘就会把孩子接到自己家中看护。还有的群众说，邻居要是没时间赶集上店购买蔬菜水果，只要跟张大娘说一声，老人家一准把蔬菜水果放在邻居家的庭院里……这样的"好人"，理应得到尊重，其精神理应发扬光大。我和镇政府几位工作人员经过简短商议，决定先从凝聚群众共识上发力，寻找群众的认同点和传承点，这样就可以以文化人、以文养德，进而也就能弘扬乡风文明了。

我们走的第一步棋，就是把村内的文化资源盘活起来。

这个村的位置非常特殊。村后是一片丘陵，丘陵前有一个月牙形的汪塘。村里有406户人家，1117口人。从前，村北的丘陵上建了果园，果园里建有小桥流水、亭台楼阁。相传，大书法家王羲之的一个弟子曾在此居住，练习书法。这片果园里，至今还保留着王羲之弟子练习书法的遗迹。可以说，这里不仅风景秀美，而且有着深厚的历史文化积淀。除此之外，这里还是当年蒙山游击大队后勤部长刘老的家乡，跟随刘老一同参加蒙山游击大队、战死沙场的英雄多达13人。村南一村级公路的拐弯处，至今还竖立着历史人物和烈士的肖像及其事迹介绍。

不论是王羲之的弟子，还是刘老及13位英雄的事迹，抑或是当代助人为乐的张大娘名不见经传的事迹，都为该村"名人文化"建设打下了基础。

"让名人文化反哺乡风文明建设。"在一次由村两委成员、全体党员参加的乡村文化建设工作推进会上，我们工作组的同志把同村两委商讨的意见摆在了桌面上。

该村党支部书记补充说："咱们都在这里出生、长大，对咱们村有深厚的感情。我不说别人，我只说我自己。每当我路过咱们村北丘陵下的果园时，眼前就会浮现出王羲之弟子苦练书法的情景。每当我走近咱们村那条公路路口时，刘老及13位先烈的事迹就会出现在我的脑海。每当路过张大娘的门口，我仿佛就看见了张大娘助人为乐的'好人'形象。现在，镇政府帮助咱们建设'名人堂'，就是要把这种'名人文化'世世代代根植在咱们村。这可是咱们村宝贵的精神、文化财富啊。"

打造"名人文化"，村两委成员、全体党员都举双手赞成。在接下来的走访中，有的党员群众说，解放战争时期，村里的民兵连在跟还乡团的斗争中，非常勇敢地保护了群众的生命财产安全。一次，该村民兵连跟还乡团发生了遭遇战，在敌众我寡的情况下，民兵连长为掩护民兵连撤退，不幸牺牲。他，应该进"名人堂"。

还有的群众说，村里有一位抗美援朝的老战士，从部队退伍后被安排到附近的一个林场当护林工。一次天降暴雨，一名在树林中抓知了的孩童不幸落入林场前的㳽河中。为救落水儿童，老人家不幸献出了自己的生命。他，也应该进"名人堂"。

我们工作组的同志发现，群众谈起这些时，脸上都洋溢着无比的自豪。此时我们才知道，这些革命先烈、老革命、老'好人'忠于人民的牺牲精神，每时每刻都在潜移默化地涵养着村民。

时不我待，在广泛征求党员、群众意见的基础上，我们帮助村两委"内定"了进入"名人堂"的人员名单。

这个村的"名人堂"很快就建成了。

落成典礼那天，村党支部书记深有感触地对我说："乡村文化建设，因地制宜、就地取材是第一要务，因为群众对本村的文化资源是有感情的。说得直白一点，村内的文化资源，其实就是群众的认同点和传承点。像我们村这样，找到本村乡土文化的根脉，说服、引导、教育群众传承乡风文明，一定能激发群众内心深处闪烁的家国情怀和英雄情怀。"

村两委成员和全体党员的认识只代表他们自己，那全村群众的认识、体会又是怎样的呢？

我们坚信，这种"以文化人，以文养德"的乡村文化振兴，一定会得到群众的认可。

这不，鲜活的事例向我们走来了。

63岁的村民李某，原来在某服装批发城从事服装布匹批发。经过几十年的打拼，他积攒下了丰厚的家业。两个女儿和一个儿子均办有自己的服装企业。本想退居二线、安享晚年的他，听说了本村建设"名人堂"的事情后，就到"名人堂"转了一圈。回城后，他毅然放弃了无忧无虑的生活，回到家乡创办了一个规模很大的手套厂，招收本村很多村民来此打工，实现他们在家门口致富增收的梦想。

"我初中一毕业就到外地跟着一位老板学习五金建材批发生意，后来就自己干，在那里买了房子，结婚生子，此后就天天忙于生意，很少回家了。去年回老家参加叔伯弟弟的婚礼，我才知道我们村历史这么悠久，有这么多令我们敬仰的革命先烈。"居住在外地的本村村民小刘说，"离开家乡时我还小，现在回到家乡看看，感觉变化太大了，那种夜不闭户、路不拾遗的感觉又回来了。"

义无反顾携妻儿回乡后，他投资建起了一个水泵厂，也在本村招收了一批农民当工人，带领群众发家致富。

"早年出去打工，我吃的苦太多了。回乡创业是我的梦想，一来可以帮助乡邻在家门口就业，二来我可以方便孝顺年事已高的父母。"这么说着，小刘的眼里盈满了泪花。

过去，像李某和小刘这样外出打拼的群众，在这个村绝不是个例。其实在那个年代，外出务工打拼的群众有很多。他们外出打拼，留下老人和孩子守在家乡。他们创业成功了，手中有钱了，便回老家翻修房子，翻修的房子有的是二层楼，有的是四合院，不论是从里向外看还是从外向里看，都给人一种富丽堂皇的感觉。然而就是这么漂亮的新房子，房前屋后，庭院前后，垃圾比比皆是，臭不可闻。

新村落拔地而起，旧村落却日益没落，房屋空置无人居住，日子久了，就成了垃圾场。

这年中秋节，该村一位在外地做生意的陈姓村民回家串门走亲戚，见我们工作组的同志正逐户征求村民自治的意见，就拉着我们的手说："看到生我养我的老家破落成了这样，心中很难受。"这样说着，他的眼圈红红的。

这个中秋节，我们没有回家团圆，而是跟村两委的同志及这位陈姓村民挨家挨户地走访、慰问那些儿女在外打拼的空巢老人。

"老人们生活太难了，有病了，儿女不在身边，只能自己硬扛着；想改善生活了，老两口得相互搀扶着颤颤巍巍地到村里的超市购物。看到这些，我仿佛看到了曾经的乡愁。"走访、慰问的途中，我和村两委成员及陈姓村民说。

"那就治理啊，不管怎么治理，只要是为了我们老百姓，我们都是举双手赞成的。"那位陈姓村民激动起来。

治理不是喊几句口号就能做到的，要有实实在在的举措才行，再者说了，面对这脏乱差的村容村貌，我们的突破口在哪里呢？

那个中秋夜，我们协助村两委在村两委会议室召开了"创业成功人士中秋茶话会"。回乡过中秋的老板们悉数参加了茶话会，他们品尝着我们工作组自掏腰包购买的月饼和菊花茶，和大家共商大计。

那个中秋的夜晚，我动之以情、晓之以理，让老板们的头脑得到了洗礼，提出了"如何治理脏乱差的村庄、如何关爱留守儿童、如何关照空巢老人"等3个议题供大家讨论。

实际上，这3个议题，也是在外创业的老中青三代村民所共同关心的。解决了这3个议题，就等于解决了他们的后顾之忧。大家对家乡都有深厚的感情，当我们提出通过村民自治解决这些难题的时候，这些老板们纷纷在捐款簿上签下了自己的名字。

那晚，他们的捐款达 24.6 万元。

事态的发展完全出乎我们的预料。刚开始，我们担心村民意见不一致，会导致村民自治工作胎死腹中或难以为继。现在好了，不但那些在外打拼的村民慷慨解囊支持我们的工作，汇总挨家挨户走访统计出来的意见，绝大多数村民也是支持村民自治的。有了这么广泛的群众基础，我们协助村两委开展的村民自治顺风顺水地开展起来了。

得到群众的广泛支持，党支部书记和村民委员会主任便将自己的板材小作坊交给妻儿打理，放开手脚带领群众干了起来。

要干的工作实在是太多了，晴天一身土、雨天一身泥的村内道路要硬化，污水和雨水应分流，村民从家里丢出来的垃圾必须分类，房前屋后村民种植的菜园子、晾晒的板材毛皮要整理、整治……这些东西一样都不能落下，只有如此，我们的美丽乡村才是生态宜居的乡村啊。

每当遇到困难的时候，我们工作组的同志就给村两委成员加油鼓劲。各村民小组的组长，发动村民各自整理、整治自己的房前屋后，管好自己的一亩三分地。在村里开超市的老孙怎么也没有想到，环境整治工作开始后，他们家的扑克牌娱乐室竟然倒闭了。

不论春夏秋冬的夜晚，老孙的超市门前都是灯火通明的。村民三个一群，五个一伙，要么打扑克，要么下象棋，玩到半夜，拍屁股走人，留下一地的瓜子皮和烟蒂。

"谁也不敢来打扑克、下象棋了，丢了瓜子皮和烟蒂，是影响村容村貌的。"老孙很自觉，他不但自己认真执行村民自治条约，还劝前来打扑克、下象棋娱乐的村民，"回家吧，回家收拾收拾自己的房前屋后吧。把自己的房前屋后收拾得利利索索的，人家媒婆也好给你们的儿子介绍女朋友啊。窝窝囊囊的，谁家的女儿愿意进您家的门。"

老孙这话说得可真实在。

村民们自己动手，利用捐款硬化了村内道路，房前屋后收拾得干干净净，还统一种植了四季常青的花草。

如今，来村里串门走亲戚的外村村民都说："真是见世面了，走进这个村庄，就像是到外地旅游景点走了一圈。"

这些外村村民说得一点也没错，村庄硬化的道路两旁，耸立着高高的路灯，道路两侧摆放着四季菊，村民庭院的外墙上，白底色上粉刷着弘扬正能量的简笔画，院墙上也摆放着各式的花盆……

我们粗略统计了一下，经过整治，该村共运出各类垃圾 200 余吨，排泄各类污水 400 余吨，整平各类污水点 47 处，家家户户都将旱厕改造成了抽水式厕所，硬化道路改造 980 米，在镇政府的大力支持下，改造旧房 17 栋。

面对这些变化，村里一位 82 岁的老大爷对我说："咱一点也不比城里差，我现在一点也不羡慕城里人。你看，咱夜里的路灯都亮得耀眼，白天还有义工收拾垃圾，别说外村人了，就连城里人也经常来咱村里玩，村里的领导、党员、在外边当老板的娃儿逢年过节还回来看看我们老年人，太知足了。"

当然，这些工作的强有力推进，细"追究"起来，村民或多或少地有被动的部分，如何让村民自治化被动为主动呢？我们认为，仅凭"名人堂"这样的乡村显性文化的说服、引导恐怕是远远不够的，必须用各类规章制度这样的隐性文化来约束村民自治的各种行为。

就这样，我们仍是挨家挨户地征求群众的意见，由此形成了被绝大多数村民认可的村规民约，并开展诸如"好家庭""好婆婆""好媳妇"等各类评选活动，以此促进家庭、邻里之间和睦相处。在此基础上，我们工作组还协助村两委制定了详细的奖励办法，用标兵评选、监督促进、家庭积分、年终奖励等一系列自治措施，来推动村民自治长效化、长期化……

"……爱护公共财产，不得损坏水利、交通、供电、生产等公共设施，不得在村民居住区安装噪声大的机械设备。不得在公路上打场晒粮、挖沟开渠、堆积粪土、摆摊设点，不得以任何理由妨碍交通秩序……"在该村住宅前后左右的墙壁上，这样的村规民约内容随处可见，时时刻刻提醒着村民哪些该干，哪些不该干。

"有了这些村规民约，我们就有了开展村民自治工作的总抓手。这些村规民约，更是我们提高文明程度的发动机和助推器，我们村形成了团结、互助、平等、友爱的乡邻关系，就一点也不足为奇了。"那天，市党报的几名记者朋友相约来到该村采访，村党支部书记和村民委员会主任就向记者朋友敞开了心扉，"只要下定决心抓住村规民约这个牛鼻子不撒手，并坚决让村民按此落实自己的行动，我们就一定能持续推进乡村文化建设各项事业全面开花、结果。"

事实真像他们俩说的那样吗？

该村村民对红白事礼钱态度上的改观，就能说明一二。

过去，村民在本村红白事上随礼随份子是啥状况呢？

村民刘大爷说："别提了。过去，一家比一家有钱，一家比一家死要面子。即使自家口袋里钞票并不多，可村里的老人病逝了，乡邻随礼少于 500 元都拿不出手。丧主也在招待酒席的丰盛程度上互相攀比。年轻人更是了不得，小伙伴结婚了，玩伴们随的份子钱少则 1000 元，多则 3000 元。你说，这么铺张浪费还了得。"站在一旁的一位村民委员会成员接过话茬说："过去，俺村的红白喜事大操大办这些陈规陋习，总是屡禁不绝，我们是深受困扰、深受其害。多少年了，我们一直想改变这种陋习，可任凭我们磨破嘴皮子也没用，村民们该咋办还是咋办。'喜事新办、丧事简办'怎么也推行不下去，久而久之就成了一句空话，甚至成了群众茶余饭后的笑资。"

"现在好了。"另一位村民说，"村规民约有规定，不论是喜事还是丧事，主要亲戚的礼钱不能超过 1000 元，乡邻、朋友、同学之间随礼不能超过 200 元。这一条，就把大家的负担卸下来了。"

为保证这样的移风易俗工作不走过场并能"长治久安"，村里由妇女联合会牵头，对村民自觉执行村规民约及移风易俗情况进行日常统计，每月都进行评比，年终进行总评。对年终总评分达到 95 分以上的农户，将其确定为"模范"；对总评分达不到 60 分及格线的农户，取消集体积累年终分红和各种福利待遇。一年后总评分仍达不到及格线的农户，就安排党员干部定点帮扶整改。

其他的事项，也依据村规民约有关条款进行考核奖励。

大事村规民约说了算，一些鸡毛蒜皮的小事怎么处理呢？

把这些小事上升到村规民约的高度来处理、约束？说实话，这些小事还"不够格"。怎么办呢？我们工作组的同志协助村两委成立了村民道德议事会、红白理事会，让德高望重的村民任组长、成员，村民之间心里有了疙瘩，婆媳之间心里有了拿不到台面上的"不痛快""小矛盾"，这些民间组织都能有效化解，从而保障了全体村民的和谐稳定。

第二节　村民自治打造"花卉文化"

这个行政村和上一个行政村，可以说是"姊妹村"，因为这两个行政村有着千丝万缕的联系。

这个行政村是一个"袖珍"行政村，全村人口不足 400 人，家庭户数不到 100 户。

20 世纪 50 年代，这个行政村原是上一个行政村的一个生产组——第四生产组。后来，当地党委、政府将其独立出去成立单独的行政村，目的就是让他们发挥独特的优势——花卉栽培，壮大集体经济，带动周边行政村发展特色产业，因为和上一个行政村继续捆绑在一起，受土地等资源的制约，其优势产业难以壮大成长。

这个行政村的村容村貌同样是脏乱差，村民居家环境同样是差乱脏。

如何通过乡村文化振兴促进村民自治，继而彻底整治脏乱差的村容村貌和差乱脏的村民居家环境呢？"复制"上一个行政村的成功经验，可行不？

当地党委、政府把该村乡村文化振兴的重担压在我的肩头，让我和另外两名女同志组成工作组进驻该村的时候，我的心里敲起了小鼓。

跟该村党支部书记及村民委员会主任一肩挑的小颜走在该村唯一的南北通道上，我发现通道两侧农家住户的大门口，都坐着心灵手巧的家庭女主妇，她们在花盆里移植、栽培各色花卉，男主人则当助手，用小推车运输土壤和肥料，继而再用小推车将花盆运到村外各家各户的花卉基地的大棚里，再将需要移植、栽培的花卉运送到女主人的手中。

正因如此，各家各户的大门前，堆满了从各色花卉上修剪下来的枝枝叶叶，形成了垃圾堆。雨水一浇，腐烂变质，臭气难闻。

我有一个疑问：从村外的花卉基地到家里来回折腾，哪如在村外的花卉基地里移植、栽培方便？

"您有所不知啊，任所长。"小颜说，"那一堆堆的花盆占用了部分秧苗的土地，是一种极大的浪费，不如将花盆堆在自家庭院里，在大门口敞亮的地方移植、栽培，这样便节约了土地。"

本来，我们工作组的同志是想着和小颜在村里转转，帮助他们打造特色的"花卉文化"，引领村民自治走向规范发展。现在，一个大胆的念头跳入了我们的脑海——先村民自治，再文化建设。

漫步在乡间小路上，我们跟小颜说出了我们的想法。

"这是一个好办法。"小颜喜笑颜开，"先通过村民自治治理村风，诸如文化建设等工作就迎刃而解了。"

"咱们就以村民自治为抓手，引导村民破除陈规陋习，文明生活生产，探索村民自治、自管、自建、自享的新路子，为乡村文化振兴注入新动能、新活力。"工作组的一位女同志补充说。

"走好了这步棋，全村的文明建设就会如火如荼地开展起来，好人好事就会像雨后春笋般涌现出来，全村的正能量就会如春风化雨般呈现在我们面前。"我也补充说。

老实说，农村村容村貌的整治，是乡村振兴最基础的东西，担当此大任者，对这个"妇女顶起整个天"的袖珍行政村来说，家庭主妇自觉行动，绝对是关键的一环。

于是，我们找到了村妇女主任。这位王姓妇女主任得知我们的来意后，很积极地配合我们的工作，由她和党员家属成立"环境整治妇女先行队"，先拿自家"开刀"，整治自家居住环境，给村民做出个样子来，这一步棋走好了，说不准还能产生意想不到的效果。

这位妇女主任倒是很有号召力，一个晚上的工夫，就联合起7名党员家属，第二天一早就来到村委办公室集合了。

一阵欢快的鞭炮声后，这个袖珍行政村的"环境整治妇女先行队"成立了。

给她们"壮行"后，她们各自回家，扎起围裙和头巾，一边清洁庭院，一边指挥各自的丈夫向村外的垃圾回收站运送垃圾。

其他女主人见状，拦住我们问："能领奖金，还是有人给她们的儿子介绍儿媳妇？"

"都不是。"我故意冲那位女主人神秘地笑了笑。

"那是什么？"她的眼睛瞪得大大的。

"你猜。"我又冲那位女主人神秘地笑了笑。

"你们尽弄些玄乎棱登的事，俺可猜不出来。"她狠狠地瞪了我一眼，扭身回家了。

"你们干吗这么惹她生气，给她说明白不好吗？"小颜"责问"我。

"不好。"我说着"开导"起小颜来，"你们这个村太特殊了。只有每家每户的女主人开化了，能从思想上认识到这事的重要性，并能自觉地践行自己的思想认识了，我们的第一步工作才能掀起高潮。第一步工作做好了，以后的工作才能顺利地开展起来。"

说完这话没几天，"环境整治妇女先行队"的女同志就把自家的环境整治得利利索索了。

我们和小颜及村两委的几名同志逐一"验收"，顿时心情愉悦起来。

多么干净整洁的庭院啊，就连房前屋后都一尘不染。在这样的环境里溜达，泥土的芳香都直扑鼻孔。从这几家"标兵"家庭走出来，再走进其他家庭的庭院，天壤之别呈现出来了，非"标兵"家庭到处是垃圾，外人难以插进脚步。

事情发展到这一步，我们给"环境整治妇女先行队"的女同志开了一个简短的会议。会议的大体内容是，"环境整治妇女先行队"的女同志，不但要做清洁庭院、美化环境的践行者，还要做清洁庭院、美化环境的志愿者，更要做清洁庭院、美化环境的发动者、宣传员。

"环境整治妇女先行队"的一位女同志快人快语："我们做清洁庭院、美化环境的志愿者、发动者、宣传员，那你们干什么？"

我们工作组的同志苦口婆心地对她们说，我们是"外人"，我们说一万句不如你们说一句。你们都是老邻居了，彼此之间知根知底，相互之间都有深厚的邻里感情，由你们去做工作，效果一定会更好。

还别说，这招真管用。

每天傍晚，"环境整治妇女先行队"的女同志忙活完了花卉移植、栽培工作后，便收拾自家卫生，顺带着收拾邻居家的卫生。邻居女主人过意不去，一边道谢一边动手收拾自家卫生。趁此机会，"环境整治妇女先行队"的女同志便拉呱似的曲里拐弯地拉起了清洁庭院、美化环境的目的、意义。

一带十，十带百，就这样，这个袖珍行政村在"环境整治妇女先行队"的带动下，掀起了清洁庭院、美化环境的高潮。

"环境整治妇女先行队"的女同志，榜样做得太好了，不光自家庭院前后的环境卫生收拾得干干净净，前后左右的邻居在她们的带动下也全部行动起来，收拾自家庭院前后的环境卫生，从而引领了这个袖珍行政村的爱卫新时尚。每家每户的女主人从点滴小事做起，从自家做起，培育发酵农家肥的柴草堆成了方块或长方体；发酵成功的粪土堆在厕所旁，并用沙土覆盖；厨余及其他生活垃圾分类装袋，自觉地丢弃到村内道路旁的垃圾桶里；洗衣做饭淘米洗菜的污水，村里用集体积累购买了污水处理设备，家家户户的女主人每天都把桶装的污水运送到此处，村里有专人处理净化；早晨起床后，女主人把被子叠得方方正正，屋内卫生收拾得整洁干净；饲养的家禽家畜，统一圈养，及时清理禽舍家畜粪便；庭院每日都洒水扫除；房前屋后的街道，村里统一划分区域，各家"自扫门前雪"，使得道路保持整洁干净；院子里整理的小菜园，及时清除杂草，显得特别整洁卫生……

积极性被调动起来了，她们便主动参与村里诸如文艺宣传、扶贫帮困、矛盾协调、人口普查、乡村建设、人居环境整治等方面的工作。她们工作起来，不怕苦、不怕累，感觉从事这些工作比干什么都有意义。

群众的真实心声，最有说服力。

从前，马大嫂是村里出了名的邋遢大王。马大嫂除了日常移植、栽培花卉，还在自家的东房屋里开了一个外门，办起了一家小超市。这是村里唯一的一家小超市，村民没得选择，买个油盐酱醋茶，就得来此消费。自从开展环境整治活动以来，干净的女主人宁愿外出购物也不愿来此消费了。这对她的打击很大，看着日渐冷落的门面，她痛定思痛，一改往日的邋遢，将自己、爱人、孩子装扮一新，将自家房前屋后整理得特别干净。整理好了自家的庭院，谁家的卫生还没来得及收拾,她一准会关闭超市,放下手中正移植、栽培的花卉,拿起自家的铁锨、扫帚去给邻居整治环境卫生。马大嫂的变化,邻居们看在眼里,喜在心里。马大嫂的儿子已经28岁了,过去邻居们嫌弃她邋遢,没人愿意给她儿子介绍女朋友。现在好了,本村一位姑娘见状,很快就和她儿子确立了恋爱关系。邻居们见状,纷纷夸她:"马大嫂,你人变漂亮干净了,家里也收拾得干干净净了,没用我们操心,儿媳妇自己都走进了家门。"

"嘿嘿。"马大嫂干笑几声,想想过往的自己,脸唰地红了。

马大嫂一转变,不光儿媳妇自己走进了家门,"文明家庭"的荣誉也镶嵌到了她家大门显眼的地方。

有了这些生动鲜活的事例,有了这些显著的进步,我们趁机开展了环境卫生评比活动。这些评比活动,我们工作组和村两委的同志均不出面,由先期成立的"环境整治妇女先行队"的女同志吸收新的积极分子后,开展系列评比活动,我们只是给她们出主意、想办法。这些评比包罗万象,不光进行环境卫生、整洁评比,还进行诸如"好家庭、好婆婆、好媳妇、好丈夫、好子女、好邻居、孝老敬老模范"等评选。凡是当选的家庭或个人,一律在村民大会上佩戴大红花。村里为他们颁发光荣牌匾,敲锣打鼓将牌匾送到家,悬挂在屋内或大门口的显眼位置。后来,"环境整治妇女先行队"的女同志给我们出了新主意:在评选各种光荣家庭和个人的同时,应该本着"鞭策后进"的原则,评选出"最不卫生农户""最不整洁农户""最不卫生个人""最不整洁个人"。考虑到群众的接受能力和认知水平，本着团结全村群众的美好愿望，我们采纳了她们的意见，不过我们将评选出的"最不卫生农户""最不整洁农户""最不卫生个人""最不整洁个人"进行"暗箱"操作，分别给予口头"黄牌警告"；对拒不改正，"屡教不改"者，"暗箱"进行口头"红牌警告"。尽管这样的评比是"暗箱"操作的，但警示作用和效果还是很明显的。几个屡次说教都不改观的家庭，仅得到了一次"暗箱""黄牌警告"，就迅速整改了。随着群众观念的改变和行动的自觉，我们工作组的同志又和村两委商议，决定扩大评选规模和范围，仍然由"环境整治妇女先行队"的女同志牵头组织，评选"货真价实"的"最美庭院""最美菜园"。在村里树立榜样后，"环境整治妇女先行队"的女同志组织各家各户的女主人前来参观学习，让每家每户的女主人照此样子学、照此样子做，把自家的庭院、自家的菜园收拾干净，菜畦横竖成线、成排、成行，装扮得像公园里横竖成直线的花园一样，整洁美丽，看上去特别养眼。每次评比后，我们和村两委的同志都会组织"环境整治妇女先行队"的女同志给"最美庭院""最美菜园"获得者披红挂花。"人家都披红挂花了，咱可不能落后，你今天别干别的了，去把菜畦整理好。要是咱不能披红挂花，今后我也不跟你过了。"有的"要脸"的女主人心气很高，就给自己的丈夫下达最后的"通牒"。

就这样，在"环境整治妇女先行队"女同志的带动下，这个袖珍小村的群众，将人居环境整治推向了一个又一个新高潮，村庄整体面貌焕然一新。

在这个袖珍小村，虽说"妇女顶起了整个村庄的天空"，但是乡村文化振兴，单靠女同志的力量是远远不够的，全村必须群策群力，上下一心，团结一致，形成合力，方能取得成功。基于这种认识，我把历年来经历的诸多乡村文化振兴的真实案例讲给村两委成员听。听罢我的"演讲"，他们不约而同地问我："接下来要怎么办，你和工作组的同志，给我们指条路吧。"统一了思想，干啥都好干。于是，我们工作组的同志说出了我们的想法。村两委的同志如获至宝，先后多次利用晚上的时间召开了村民大会，发动群众成立了慈善协会、爱卫协会、红白理事会、文艺宣传队、乡村文化振兴理事会等多个协会组织，这些协会的"领头羊"，要么是退休回乡的乡镇干部、退休教师、热心公益事业的村两委卸任领导，要么是德高望重的老党员、一心为公的复员退伍军人。这些"领头羊"有充足的时间、精力和能力，发动、带领"群团、协会、理事会"的村民开展工作，并能保证有关工作经常化、常态化开展，从而营造良好的村民自治环境。而且，借助群团、协会、理事会的力量，能充分调动起民智民力，村两委面对的各种困难问题也迎刃而解。

该村的慈善协会是一位热心公益事业的老党员牵头成立的。自成立那天起，该协会就遵循透明、公开、专用、公示的原则，把群众牢牢地团结在了一起。村子本来就不大，在外做生意的老板掰着手指头就能数过来。为了团结一切可以团结的力量，自打微信普及以来，该协会就建立了自己的微信群，把在外做生意的几位老板也拉进了群。刚开始的时候，该协会成员只有8人，发展到现在，这个微信群成员已有 97 人。要知道，这个村可是袖珍小村啊，全村人口才 400 余人，除去老弱病残及婴幼儿、在校学生，实际"当家做主"的村民才有多少啊。自打成立至今，慈善协会已经募集善款 20 多万元。这 20 多万元的善款，用于逢年过节看望老年人的达 4 万余元，资助贫困学生 6 万余元，用于支持乡村文化振兴建设的达 8 万元，救助特困群众达 2 万余元。翻看慈善协会"领头羊"的记事本，每笔花销都有明确的记录，发票粘贴在"记录档案"的下边。每当有新的支出项目，村委公示栏里都有张贴的"公示"。

展示完毕，慈善协会的"领头羊"说："每次外出购物，我们协会至少要派出 3 名同志同行。所购物品和价格及发票，一定会拍照上传到我们的微信群，供大家监督。"

这样的举措，一定会得到群众的支持与拥护。

这年年终的一天夜里，突降暴雪，一农户因防护不当，"育苗"的花卉大棚被积雪压塌了。气温突降，在温室里成长的幼苗难以承受寒冷的袭击，"病倒"的"病倒"，冻僵的冻僵。该农户损失惨重。

面对如此惨重的损失，女主人哭天号地。我们从她的哭喊声中得知，该农户原先开了花生油加工点，每年只有秋收后才有活干，日子过得极其拮据。看着乡邻通过移植、栽培花卉发了家、致了富，他们就转行干花卉移植、栽培。没想到，他们刚入此行，就遭遇了暴雪的无情打击。

说什么也得帮助他们家渡过难关，恢复生产。

未等我们行动，慈善协会的同志就忙活起来了。

"我捐 2000 元，你先给我记上……"村民颜某说。

"别挤嘛，我年龄大了，你们要是把我的骨头挤散架了，我可饶不了你们。"颜大爷说笑着，将手中高举的 1000 元硬塞到了慈善协会记账的同志手里。

……

慈善协会的同志被围得水泄不通："大家都别挤，也别急嘛，咱们总得一个一个地来不是。你们急着捐款，我们也想捐款啊。咱们慢慢来，以免我们把账弄错了。你们也都看到了，我们既要接收捐款，又要账钱相符，还得给大家开收据，还要颁发捐款荣誉证书……"

不是亲眼所见，谁都不会相信捐款的场景会是如此热烈。

每当需要捐款开展慈善活动的时候，该村现场捐赠的气氛就是这么热烈。

这年，镇党委、政府决定对全镇各个行政村的各类协会等公益组织进行评选，我力荐该村参选。对此，镇党委、政府有极个别的工作人员，认为我动员该村村两委提交的该村慈善活动的事迹报告可能存在水分，对此提出了异议。镇党委、政府的主要负责同志，一直关注着该村的文化振兴事业，就在该村召开了一次由全镇各行政村村两委主要负责人及镇直各部门负责人参加的现场会，并让该村慈善协会的"领头羊"介绍了经验，还组织与会人员现场走访了受助家庭。

事实胜于雄辩。这年，该村的慈善协会，顺理成章地当选镇党委、政府表彰的"最佳慈善协会"。

如今这个袖珍小村的慈善协会,影响越来越大,变化也越来越大。其最明显的变化有两个,第一个是参与慈善活动的村民越来越多,甚至还吸引外村村民加入了该村的慈善活动中;第二个是有的受捐者在尝到"甜头"后,摇身一变,成了受人尊敬的捐赠者。这么说吧,在这个袖珍小村,具有慈善情怀的村民与日俱增,热心慈善事业已蔚然成风,受到了全镇父老乡亲及社会各界的一致好评。

这年冬天,该村西边的一片沙滩地需要修建一段滨河大道。这段滨河大道两侧需要绿化,绿化地以外50米以内的环境需要整治。以往任何一个行政村遇到这样的事,当地领导都得挠头皮,因为群众并不认可这样的事情,也不接受补偿。无疑,这就成了当地党委、政府的难点工作。可谁也没有想到,这个袖珍行政村的群众得知这一消息后,村里"文化振兴理事会"的"领头羊"及成员率先出手了。他们带头拔掉了自家沙滩里的杨树,拆除了种植沙滩花生围起来的栅栏,将培育树苗的插枝掀翻在地,嫁接的沙滩无籽葡萄连根拔起,晒成了烧火的柴草。当镇党委、政府按规定给予他们补偿时,他们破天荒地拒绝了。这还不是最"高尚"的,最"高尚"的是他们自觉地挨家挨户做村民的工作,逐一分析修建滨河大道的好处。就这样,"文化振兴理事会"的"领头羊"及成员,和村两委的同志一起努力了10多天,就全部完成了无偿拆除任务。这项工作,被镇党委、政府树立成了"标杆"。

过去,村里一旦有红白喜事,人们远远地就能听见鞭炮的轰鸣声,走进村里，残羹剩汤到处都是，几条大黄狗耷拉着舌头啃来啃去，特别是有老人病故后，丧主家焚烧的草纸随风飘舞，满村子飘荡着另一番浓浓的"烟火气"。村里的"红白理事会"成立后，理事会的"领头羊"和成员就成了"义务环保宣传员"。经过一段时间的努力，如今这个袖珍小村的村民，不论谁家有红白喜事，绝不燃放造成污染的鞭炮，理事会会给他们联系电子炮助兴，特别是白事丧事，村两委从村集体积累里拿出部分资金当作卫生费，由"红白理事会"组织成员给碗筷严格消毒。村支书小颜给我们算过一笔账，说他们村的这项支出，村集体积累每年就要花费 1000 余元。不过这笔钱花得值，它不光给"红白理事会"减轻了负担，还让全村人明白、知晓了环保的重要性，让全村的群众养成了文明习惯，整个村的公共环境卫生也变得更加整洁干净了。

万事俱备，是时候全面推进这个袖珍小村的文化建设了。

如何推进，我们工作组和村两委的同志反复探讨，始终没有找到突破口。

一天，我们工作组的同志和村两委的同志在村里抽查环境卫生时，一位刚结婚不久的新媳妇坐在自家门前，一边移植、栽培花卉，一边低声吟唱《沂蒙山小调》。见怪不怪嘛，我们着急赶路，就匆匆地往前走，唯有工作组的一名女同志若有所思地停住了脚步。片刻后，她一溜小跑赶上我们，气喘吁吁地对我们说："她喜好唱歌。我给她说了，让她用《沂蒙山小调》的曲，试试能不能用新词唱出这个村的精神风貌来。"

一天过去了，那位新娘子没有唱出新词来；两天过去了，那位新娘子还是没有唱出新词来……

正当我们感觉已无可能的时候，一天，我们正在村两委办公室商量事情，工作组一位外出买矿泉水解渴的女同志兴冲冲地跑进来说："快，快去听听，人家唱出新词来了。"

我们兴奋不已，拔腿就跑。

远远地，新娘子嘹亮的歌声迎面而来。

"人人那个都说那个俺村好，俺村庄里那个好风貌，环境整洁真美丽，房前那个屋后没杂草……"

"任姐啊，这样改恐怕有侵犯人家知识产权的嫌疑，可以发动村民创作歌词，我们负责找曲作者给谱曲啊。"村支书小颜茅塞顿开。

"乡村文化振兴理事会"一声令下，全村群众创作了10余首歌颂村里精神风貌的歌词。我们求教镇中学的音乐教师，音乐教师只用了几个晚上的时间，就给我们选择的10多首歌词谱了曲。从此以后，这些散发着泥土气息的歌曲就在村里传唱开来。一首首动听的歌曲，唱出了乡村幸福和谐的新画卷。

党员时时处处都应该起模范带头作用，在乡村文化振兴中，党员更应该一马当先，冲锋在前。为此，我们学习外地的经验，给村党支部建议：党员家庭大门口应悬挂党旗，亮明身份，每时每刻都接受党员之间的相互监督，接受群众的监督。不能起模范带头作用的党员，要把悬挂在家门口的党旗收回。这些措施的实施，让党员的先锋模范作用得到了更好的发挥。防汛抢险，是党员冲锋在前；

抗旱救灾，还是党员冲锋在前……共产党员的先锋模范作用，感染了群众、教育了群众、影响了群众，一时间村支书小颜的案头，收到了好多群众递交的"入党申请书"。

"敬老爱幼、勤俭持家"是我们的光荣传统。为了让村民时刻将此牢记心怀，每年春节前夕，"乡村文化振兴理事会"的同志都会组织村里的退休教师、书法爱好者免费给村民撰写春联。"敬老爱幼、勤俭持家"则是春联永恒不变的主题。这样的春联，因时刻教育、警示着群众，所以大受欢迎。

为了进一步丰富村民的精神文化生活，随着村集体积累日益丰厚，村党支部、村委员与各个协会、理事会协商，并经全体村民大会通过，在村里的小广场上建成了文体广场、广场舞广场、破除封建迷信及预防电信诈骗等宣传长廊；整治了村内一个汪塘的环境，在汪塘里栽植了荷花，汪塘周围进行了绿化，添置了防雨亭及座椅，给年轻人提供了一个谈情谈心的舒适环境；同时利用村两委空闲的房屋，建起了文体娱乐室、图书室。

这个袖珍小村村前紧靠一条国道。于是，我们和村两委成员一起，在村前靠近国道的地方，树立起了醒目的村标。直达村内的道路两侧，栽植了旺盛的"迎宾树"。远远看去，这些"迎宾树"就像夹道欢迎的群众，舒展着身姿，高歌颂唱着时代的乐章，尽情书写着这个袖珍小村的田园诗篇和"花卉文化"百花齐放的未来。

第三节　弘扬"孝文化"

很久很久以前的一个隆冬，外地一个年轻的小伙子逃难，路过我现在工作的这个乡镇的一个小村子时，已是傍晚时分，他饥渴难耐，昏昏欲睡。看到村后一座茅草房西侧有一茅草堆，他连想也没想，就一头扎进茅草堆里沉沉睡去。

不知什么时候，一阵女性刺耳的哭喊声"叫醒"了他。他睁眼一看，天降暴雪，侧耳细听，那撕心裂肺的哭声正是从那茅草屋里传来的。他连想都没想，就破门而入。

原来，这户人家儿子、儿媳因伤寒早早过世，只有年迈的爷爷和孙女相依为命。这天夜里，爷爷突然发起了高烧，孙女吓坏了，无计可施，号啕大哭起来。

看着这四处漏风的茅草屋，小伙子立马知道爷爷是受寒发烧。他知道邻村有一位老中医是"华佗再世"，于是脱下自己的破棉袄给老人穿上，自己穿着一件破单褂，背起老人就跑……

后来的后来，事情的发展就像人们预料的一样，爷爷康复后，留下了小伙子。小伙子和爷爷的孙女喜结连理，给爷爷养老送终。如今，这个村子王姓村民居多。

因驻村包点的缘故，我老早就听说了这个故事。

当镇党委、政府决定由我出面协助该村村两委打造"乡村文化振兴示范村"时，我心里立马就有了主意。

骑车来到该村，村支部书记老王介绍说，听老人们讲，那位入赘的小伙子叫王仪，群众尊称他为"孝男"。

我将心中的计划说给老王听，老王一拍大腿："就按你说的办。"

报请上级有关部门批准，村两委就在村里文体娱乐广场的南边修建了"孝男"王仪纪念堂。纪念堂正中央，摆放着"孝男"王仪背负"老泰山"踏雪外出求医的雕塑。雕塑两侧展区的展板分为三大部分，分别详细介绍了王仪"孝男"称号的来历、入赘后发生在王仪身上的"孝道"故事，以及王仪对该村后人的影响事例。

根据计划，我协助村两委的负责同志，在村里文体娱乐广场四周竖立起了诸如"百善孝为先，孝为德之本""长者慈，少者孝，慈孝全，天下安""人间多孝子，天下皆忠臣""孝子之至，莫大乎尊亲""父恩比山高，母恩比海深""修身如执玉，孝顺胜遗金""孝感天地，德播人间""廉传伟业，兴孝出英才""大手牵小手，幸福同心走"等公益广告。村里还更换了文体娱乐广场四周的部分小彩砖，拼凑出了"仁之实，事亲是也；义之实，从兄是也""无父无君，是禽兽也""慈孝无界，人人可为""父母者，人之本也""父爱如山，母爱似水；子爱如诗，女爱似画"等孝道广告。

如此装扮，村里的文体娱乐广场便成了"孝文化"的宣传阵地，更是一张响当当的"孝文化"名片。

对此，村支部书记老王颇有"意见"："老任啊，咱们不能只在广场上做文章，还得把村委大院宣传栏的内容更换成'孝文化'，村中央中心路的路灯杆上，也得焊接上'孝文化'的标语。还有，每家每户大门楼子两侧，咱们也粘贴上'孝文化'的标语。"

"你的意思是说，只要你们村的村民一出门，抬头就能看见'孝文化'？"对于老王的这个建议，我怔怔地张大了嘴巴，感觉他的胃口有点大，毕竟这个村的村集体积累不大厚实。

我说出了我的担心。

"你怕啥？"老王一拍胸脯，"我那水泵厂干了这么多年，手里还是有点积蓄的。"

老王的意思是，他用自己的钱给村里打造显性的"孝文化"，我瞬间被感动了。

感动之余，我联系多家制作方，从质量到价格反复比较，最终和老王确定了制作方，然后我们顶着酷暑和制作方一起以最快的速度完成了任务。

"孝文化"的"显性文化"初具规模后，如何通过系列活动显示"孝文化"的"隐性文化"就摆到了桌面上。

我和村两委的同志反复研讨，确立了具有该村特色的实施方案。

依据实施方案，我们大踏步地前进了。

讲好"孝男"王仪的故事，就成了我们的开篇之作。

我和村支书老王慕名拜访了一位退休的老教师。这位老教师是远近闻名的笔杆子，得知我们的来意后，他满口应允下来。一个礼拜后，他骑着一辆自行车来到这个小山村，找到了我和村两委的同志，双手捧上了《"孝男"王仪美名传》的短篇评书，顺便还带来了赞颂"孝男"王仪的快板、三句半。同时，他还告诉我们，他可以为我们免费培养几名解说员，给前来观光旅游的人们解说"孝男"王仪纪念堂及其他体现"孝文化"的"景点"，但前提是得把这个村打造成"孝文化"的旅游小村。

老教师所说的，正是我们所想的。

于是，对这位退休老教师千恩万谢后，我们准备聘请这位老教师给村里培养"文艺村民"，之所以唐突地向这位退休老教师提出这样的请求，是因为他吹拉弹唱样样精通，是一位难得的"乡村文化人才"，而且老人家热心肠，有公益思想，乐意无私奉献帮助他人。我们一开口，老人家就爽快地答应了。

村两委成员迅速行动，在村里选拔了十几名热爱吹拉弹唱的热血青年，村支书老王又自费购买了部分乐器。万事俱备，那位老教师就在村委会议室里办起了讲座。

老教师真心实意奉献"真经"，热血文艺青年虔诚求教，很快这支"袖珍型文艺宣传队"就出师了。

从此以后，每逢乡村集市及春节、元宵节等节假日，文艺表演活动中，必定有该村"袖珍型文艺宣传队"的身影。

"打竹板，听俺谈，俺村的'孝男'美名传。逃难夜宿茅草堆，忽听姑娘在哭喊。抬脚就把门来踹，见一老汉趴床前。一摸额头正发烫，背起老汉向外蹿……"这样的场景，是那年元宵节，我在镇政府所在地集市上"高跷队"的表演中见到的，表演者正是该村"袖珍型文艺宣传队"的一名热血文艺青年。

由于村里的"孝文化"比较显性，村民们出门就能看见"孝"，不知不觉就在潜移默化中受到了"孝文化"的熏陶。

该村产业比较单一，由于土地大多是山岭薄地，因此烟草种植就成了村里的支柱产业。栽种完烟草，男性村民就外出打工了，待到烟叶该烘干时，外出打工的男性村民又回村了。平时，照顾烟草成长的重担，就落在了家庭妇女的身上。她们分身乏术，照顾年迈的公婆自然难以周到。

"孝男"的后代及乡邻，必须都是"大孝子"。这是村两委一班人的共识。

于是，村两委在村里给父老乡亲发出了倡议：我们就是再忙，也要经常性地给年迈的父母做可口的孝心饭，顺手洗一洗孝心碗，温好热水给父母洗一洗孝心头、洗一洗孝心脚，扫一扫孝心院，每天陪父母拉呱不得少于半个小时，以此督促村民尽孝。

好的倡议要有好的奖惩机制和好的监督机制才行啊。于是，村里每年在三八妇女节和九九重阳节这两天，组织村民进行好婆婆、好媳妇、好妯娌的评比，村两委对获奖者进行隆重表彰。如果有被举报婆媳不和、妯娌不和者，经查实，"肇事"一方必定会得到"惩戒"。

如何监督呢？我们发动老党员组成了"孝道监督小组"，进行日常监督。比如，老党员们平时就"进村入户"，看看年迈的公婆吃的饭菜质量，如果比儿女家的饭菜质量差，那这顿"小板子"一定会打在儿女的身上。

村里还有一项举措很得人心。在村里，不论是哪位老人过生日，村两委成员必定"组团"买来生日蛋糕，在老人生日当天，与老人的子女一同来到老人居住地，为老人祝寿，还给老人送去生日礼物。重阳节这天，村两委成员一定会在村两委会议室里，摆上蛋糕、水果、瓜子和茶水，为全村70周岁以上的老人过"集体生日"。会后，村两委一班人与老人同吃大锅菜、大锅饭，还一同到"孝男"王仪纪念堂转转，顺便开一个"流动"的纪念会，一同念念"孝道"经。

村里还有一个举措也是深受老年人欢迎的。冬天来临前，村两委的同志一定会按照分工，各自走进60周岁以上的老人家中，进行煤气安全检查，讲解煤气安全知识……

这些点滴小事，正是他们弘扬"孝男"精神的具体体现。

矢志不移地对"孝文化"进行弘扬，村里发生了许多变化。

从村里走出的一位学农学的大学生，回村休暑假期间，对本村及周围几个村庄的土壤进行了检测，根据土壤中所含的元素，他向村两委提出了转型发展之策：村后山岭薄地适合栽种烟草；村前一片平原适合栽种辣椒；村左侧那片茅草地，经过"翻新"改造后，可以栽种石榴……

村两委听从了这位学农学的大学生的建议，联合周围几个山村，轰轰烈烈地"转型"了。没过几年，村里的家底厚实了。于是，村里大胆作为，又一次和附近几个山村联合起来通力合作，先后开展了自来水入户，旱厕改造，天然气普及，村庄绿化、亮化、美化，环境卫生整治等新农村建设项目，给村民带来了实实在在的实惠。

第四节　弘扬"家文化"

那一年，因乡镇合并，我们相邻的两个乡镇合并到了一起。新的镇政府后面不远处，有一座巍峨的大山，大山前面有一个山村。这山村的前面，有一条弓形的河流。这条河流，一年四季流水不断。

这个背靠大山、怀抱河流的山村，邵姓居民居多。

过去，提起该村的3户人家，本村及附近村庄的村民没有不伸出大拇指的。

好多年以前，村里的邵姓老祖在此建村。祖辈上就好学，对后人影响极大。于是，邵姓老祖家里走出了3位翰林院大学士。新中国成立后，村里第一任村支书是一位参加过抗美援朝在部队就入党的刘姓老军人。老军人有4个儿子和2个女儿，深深的军人情结根植于老军人的心里。老军人6个孩子身体都倍棒，长大成人后，都被老军人送进了部队。6个孩子很争气，后来都功成名就。大儿子从团长职位上转业，成为一师范学校的党支书；二儿子从师政委的岗位上转业，成为某市林业局局长；三儿子是一名空军战斗机驾驶员，后转业成为某航空公司的首席驾驶员；四儿子在部队考取了某医学院，毕业后在某部队医院工作，是该医院有名的外科大夫；大女儿天生有组织能力，在部队成长为某部队医院的党委书记；小女儿喜欢文艺，在部队成长为文艺骨干，是某部队文工团有名的萨克斯手。村里还有一户王姓人家，男主人也是一名军人，因在部队学得一身电工知识，转业后成为某电业局有名的电工；女主人是某市药材公司的一名职工，天生爱写作，经常有散文、小小说发表。在20世纪"一级工二级工，不如群众两垄葱"思想的影响下，他们辞职回村务农。这对夫妻育有二儿三女。他们在父母的影响下，均学业有成，全都是研究生。大儿子中文系研究生毕业后，分配到某行业报工作，后来成长为该报的总编辑；二儿子计算机专业研究生毕业后，在某证券公司成长为某省分公司的总经理；大女儿从某医学院研究生毕业后，分配到某医院工作，后来成长为该医院某科室负责人，是乳腺治疗领域的专家；二女儿从某大学化学与化工专业研究生毕业后，被分配到某市环保局工作，成长为该局有名的专家；三女儿从某大学心理学专业研究生毕业后留校工作，现在是该大学著名的心理学教授。

也许是工作性质的缘故，我对该村有了全新的认识。我将心中的想法向领导汇报后，领导双手紧攥着我的手："老任，拜托你了，务必把该村的'家文化'挖掘出来，让其发扬光大。"

是啊，家是一种文化，是一份情怀，是一段时光；家，是小家和美，是大家发展，是国家昌盛。基于这种认识，我和另一位女同志组成搭档，卷起铺盖，来到该村住了下来。

和村两委一班人座谈，我抛砖引玉："据我了解，你们村曾出了3名翰林院大学士，他们的后人现在有的是国防科工委的专家，有的是国内计算机领域的专家，有的是大学教授。还有，你们村那户王姓人家，5个子女都是研究生，都学有专攻，这样的家庭，应该算是'文化之家'吧。你们村那位老支书，6个子女曾经都是军人，都怀有'保家卫国'的情怀，这样的家庭，应该算是'军人之家'吧。"听我这么一说，他们纷纷打开了话匣子。有的说，现在的村支书，老婆孩子还住在破旧的瓦房里，跟全村村民都住在二层楼里相比，他是全村唯一的"困难户"，只因他太廉洁了，这样看来，他家应该是"廉洁之家"。有的说，村里的那个谁家，辈辈都是孝顺人，应该成为"孝顺之家"……

原来，村里有"廉洁之家""平安之家""安心之家""文化之家""幸福之家""暖心之家""孝顺之家""诚信之家"……这么多的"家文化"早已在村里生根发芽、枝繁叶茂了。

我和我的搭档相视一笑，心中有了主意。

我们先在党员队伍中开展了"学比"活动。

学什么？党员每周在党支部的带领下，利用周六早晨的时间，在村两委办公室的"党员之家"集体学习党的路线方针政策，开展主题教育学习等。为防止流于形式，每次学习结束后，党支部书记、党支部委员要轮流进行抽查，被抽查到的党员要站起身来，面向全体党员谈认识、谈体会。这样的学习活动，不会因刮风下雨而停止，长年持续进行。久而久之，全村党员争做合格党员、先锋模范的事例不断涌现。

比什么？每个年度，村两委都率先在全村党员中"无记名"投票评选"廉洁之家""孝顺之家""诚信之家""敬业之家"……看看谁更孝顺父母，看看谁更乐于助人，看看谁更讲诚信……总之一句话，评比的是党员队伍的先锋模范作用。

有两个事例可以说明，村里的"党员之家"教育学习、评比等活动，已经深入人心。

村党支部书记年年都被评为"廉洁之家"。村里全体党员、群众都说："实至名归啊。"

每次镇党委、政府召开村两委成员会议，村党支部书记老邵都会带领村两委成员按时参会。会议一结束，他骑上自行车就回家。有一次，一位村委成员在会议结束后试探着问他："我们来镇里开次会不容易，每次大家都饿着肚子回家，这回咱们上水饺店，要瓶白酒，饺子就酒，越喝越有，可以不？"

老邵脸一沉："你掏腰包。要是你掏腰包，我乐意到水饺店坐坐。"瞬间，那位村委成员的脸成了大红布。

村里有两位老人和儿子、儿媳产生了矛盾。晚饭后，两位老人颤巍巍地相携来到老邵家，恳求老邵出面狠狠地批评儿子、儿媳。老邵安慰两位老人后，答应第二天一早就去批评老人的儿子、儿媳。将两位老人送回家后，老邵没看到庭院里水泥台子上两位老人放下的两条香烟，就回屋睡觉了。第二天一早，老邵起床要去老人的儿子家时，发现了昨晚老人留在庭院水泥台子上的两条烟。他提起自家的两桶花生油，又去村里一家小超市买了两条价格不菲的香烟。胳肢窝夹着老人买的两条烟和他给老人买的两条烟，他敲开了老人儿子家的门，把老人的儿子、儿媳批评得直流虚汗。老人的儿子、儿媳认识到自己的错误后，老邵给老人的儿子、儿媳留足了面子，让老人的儿子、儿媳主动去给老人道歉，顺便把两桶花生油送给两位老人。临走时，老邵还嘱咐他们，别说那两桶花生油和价格不菲的香烟是他给老人的，就说是他们尽的孝心。

鉴于该村是"书香之地"，那天晚上，我和搭档躺在村委一间屋子里的床上，商量着先在村里评选"文化之家"，在此基础上，让"代表"现身说教，引导群众掀起学习高潮，终身学习。

我们俩意见统一后，又和村两委成员达成了一致意见。经过评选，17户人家被评选为"文化之家"。

那天晚上，我们在村委大院里召开了"文化之家"表彰大会。会上，我们让一位颇有"时代感"的家长上台说教。

这位姓夏的女家长说，自她嫁到这里，她的丈夫对她影响极大。因家庭困难，她丈夫高中毕业就回村务农了，但他在学校养成的学习习惯却没有改变。晚饭后，丈夫从不外出抽烟、打扑克、侃大山，而是安静地坐在书桌前读书。就连新婚夜，丈夫都是读了一个多小时的书才休息。后来，丈夫通过自学考试，取得了专科学历和本科学历及学士学位。

在丈夫的影响和帮助下，初中毕业的她自学了高中课程，参加了专科函授入学考试，取得了专科文凭，后来又参加了专升本函授考试，取得了本科函授文凭。

谈到这里，这位女家长动情地说，他们两口子利用所学知识，在自家的农田里搞起了间接套种，收益翻了两番。女儿和儿子在他们的影响下，都是学习标兵。女儿大学毕业后考取了研究生，研究生毕业后参加公务员考试，成为国务院某部委的公务员；儿子博士毕业后，进入了中国科学院某研究所工作……

这位女家长话音一落，不知何故，知根知底的乡邻们的掌声格外热烈。

自此以后，每年年终，村里都会进行"文化之家"的评选。村两委把当选之家的事迹制作成展板，竖立在村中央的显要位置，供村民学习。

从此，村里的学习之风越刮越浓，该村成为名副其实的"学习村""状元村"。

村委成员老邵特别善良。

老邵有两个儿子，大儿子办了一家鞋厂，二儿子办了一家手套厂，创业都很成功。两个儿子很孝顺，给老邵盖起了二层楼。老邵忙完村委的工作，闲暇之余想去儿子的厂子里干点零活帮帮儿子，两个儿子都不用他。

两个儿子全家都吃住在自己的厂子里，两栋二层楼就空置了下来。闲来无事，老邵就琢磨，两个儿子的两栋楼都空置着，何不给村里的老人办一个"幸福之家"呢？在大儿子家的二层楼里办一个以"吃"为主的"幸福之家"，集日间照料、宴会厅等于一体；在二儿子家的二层楼里办一个以"乐"为主的"幸福之家"，集电影院、老年驿站、医疗站等于一休。

老邵将心中的"理想"说给儿子听，担心儿子不支持，还拐弯抹角地说出了一大堆理由。没料到，两个儿子的血管里流淌着他遗传下来的助人为乐的血液，他们把家里的钥匙丢给他："你想怎么着都行，只要你乐意。费用算我们哥俩的。"

听到儿子的表态，老邵大喜过望，抓紧忙活起来。

一个月后，老邵为村里老人操办的"幸福之家""开业"了。

大儿子家集日间照料、宴会厅于一体的"幸福之家"，天天有老年人进出。二儿子家集电影院、老年驿站、医疗站于一体的"幸福之家"，也是天天有老年人进出。

每天下午，二儿子家二楼的小电影院里座无虚席。老人们聚在一起，一边喝茶一边免费看电影，这成了村里老人共同的精神享受。经上级有关部门批准，老邵在二儿子家的一楼，设置了卫生医疗站，基本医疗设施齐全。老邵又聘请了一名退休医生和一名卫校毕业的护士，为村民提供一般疾病的初级诊治服务。

在老邵的带动下，村里的助人为乐之风竟然成了"旋风"。

村里还有一户姓邵的村民，夫妻二人从农学院毕业后，就在本村开办了一家"农资超市"，为本村群众及附近村民提供化肥、种子、农药等农用产品。夫妻二人都是"农"字口毕业的大学生，所学农业科学知识自然成了他们经营"农资超市"的一大法宝，群众自然乐意往这里跑。每当有村民光临，他们夫妻必定详细问明群众光顾小店的原因，并根据群众口述的情况给予配肥、配药。如遇到群众陈述不明的情况，夫妻二人会选派一人驾车和群众一起到他们的农田，详细察看庄稼的长势及病因，然后再返回超市给群众配农药、配肥料。有的群众家庭困难，他们必定以赊欠的方式先将农资送到群众家里，欠款啥时候给都可以。"诚信经营"成了他们夫妻二人的法宝。

这样的典型就应该树起来。

于是，他们年年被评选为"诚信之家"。

……

实际上，这些丰富多彩的"家文化"，是我国传统文化的一部分，是历史传承的瑰宝，是我们老祖宗留下的宝贵精神财富，是我们日常生活中应该发扬光大的。那么，如何传承这些优秀的"家文化"呢？我和搭档及村两委成员商量后，开展了如下活动。

利用周末时间，村两委每月都会组织在校学习的本村小学生、初中生，由父母带队，到村两委评选出来的"廉洁之家""文化之家""助人之家""诚信之家"中学习，让家长及学生在潜移默化中学习、成长，孩子是未来，是希望，优秀的传统文化要由他们来继承，来传承。

我们还通过做工作，将村里的"家文化"纳入几所学校的传统文化课程，让学生在课堂上学习、了解"家文化"的知识，并参与"家文化"活动，增强对"家文化"的尊重和认知。

通过组织开展各种"家文化"活动，传承"家文化"。比如在该村及附近的集市上参加"家文化"展示及"家文化"节日等，让人们参与其中，感受"家文化"的魅力。

我们又和村两委一班人，通过"村规民约"的有关条款加强对"家文化"的保护，让后人了解其价值。

总之，只有让"家文化"成为我们的精神支柱，才能真正实现对"家文化"的发扬光大。

第五节　乡村法治"软""硬"并举

我们镇政府辖区内一个行政村的文化建设始终没有找到突破口。

我们在该村调研，一系列问题浮出了水面：村两委成员依法行政问题，"四议两公开"村民的参与权、知情权保障问题，在法律框架内进行土地流转、"三农"热点难点的处理问题，村民之间因鸡毛蒜皮的小事发生矛盾依法调解的问题……

这些问题，只有依法处理才能迎刃而解。

镇党委、政府从镇法律服务站抽调了两名女同志协助我开展工作。于是，我们直奔村里。

听罢我们的来意，村支书和村民委员会主任的表态令我欣慰："要是能用法治文化让全村群众敬畏法律、尊重法律，自觉践行法律，那我们村的各项工作就好开展了。"

有了村两委成员的支持，我们又多次召开村民大会反复劝说群众，全村终于达成了一致："软""硬"并举，用法治文化描绘美好图景。

这里的"硬"，指的是法治文化的阵地建设。

该村村南是市区级开发的优良农作物育种基地，每当农作物良种成熟时，偶尔会发生偷盗行为。其西侧的大片土地，浅浅的地表下是厚厚的沙层。房地产市场火热时，非法采沙屡禁不止，环境遭到了严重破坏。尽管后来进行了盗沙整治和环境修复，可偶尔的盗沙行为还是会发生。育种基地东侧的大片黄土地，群众年年都种植小麦、玉米，然而村民散养的家禽家畜经常光顾这里啃青苗……

凡此种种，都需要用醒目的法治文化阵地"警示"群众。

于是，我们和村两委成员商议：在那片已经整治和修复的旧沙滩上建一个法治文化主题公园；在育种基地和东侧小麦、玉米种植基地的南北及东西路两侧建法治文化长廊。

群众很支持我们的决议。

有了群众的支持，我们和村两委的同志带领群众，将离村子仅有一里地的旧沙滩进行了彻底改造，使其面貌焕然一新。在此基础上，我们将其建成了集群众娱乐、健身和法治文化于一体的法治文化主题公园。我们又在良种培育基地及小麦、玉米种植基地四周的公路两侧，建起了法治文化长廊。

这些建设，有力地促进了《中华人民共和国土地管理法》《中华人民共和国基本农田保护条例》等有关法律法规的贯彻实施。

就这样，这里成了当地群众一边观光一边学法的首选之地。

村里的法治文化阵地如何建设？

在这里工作久了，这里的许多红色故事我早已熟记于心。

战争年代，这里曾是"红色战区"，游击队深入敌占区骚扰、打击敌人，令敌伪闻风丧胆。

这些可歌可泣的红色故事，给了我们诸多启发。

和该村的群众座谈，群众对游击队的英雄事迹赞不绝口。

对此，我们和村两委成员一起，在村两委办公室的庭院里，在群众房屋的墙壁上，在村内的道路两旁……建起了由"红色＋法治"元素组成的法治文化小广场、法治文化墙、法治文化长廊、法治小景观。

这些村内村外连成一体的法治文化景致、景观，触及了群众心灵深处的深刻记忆。

这些法治文化主阵地的建设，只能说是"硬性"法治文化建设的显示，对群众的法治教育能起到润物细无声的作用，但是要想让法治教育深入群众的灵魂深处，"软性"的法治文化建设是必须重点强化的。

如何把"软性"的法治文化建成特色，让其深入人心呢？

我们反复思考，和村两委成员商量了多次，也没找到"发力点"。

不久之后，清明节到了。

这天，镇中学和小学分别向镇文教办打了报告，想组织学生到烈士墓前扫墓，并聘请村里年长的村民给学生讲一讲游击队奋勇杀敌的英雄故事。

这样的报告，镇文教办很快就批复了，并联合村两委负责人，聘请了三位年长的村民当讲解员。

那天，我和镇法律服务所的两名女同志以及村两委成员及镇中学、小学的师生一起，参加了扫墓活动。

当扫墓活动结束，年长的村民动情地演讲完游击队可歌可泣的战斗故事后，镇中、小学的音乐教师组织学生唱起了红色歌曲。此时，一位老村民对我说："任所长，还是这些红歌听着痛快。"

"是啊，一听这些红色歌曲，我就热血沸腾。"我说出了心里话。

"这些学生会不会唱法治歌曲？"另一位老村民突然问我。听他这么一说，我打了一个激灵。

未容我反应过来，扫墓结束回去的路上，这位老村民就跑过去拉住了音乐教师的手："你能指挥学生唱几首法治歌曲吗？"音乐教师脸唰地红了，轻轻地摇了摇头。

"学生不会唱，咱们回去学着唱。"另一位老村民向我提出了建议。

多好的建议啊，这不正是该村"软性"法治文化建设的"发力点"吗？

路上，我们和村两委成员"碰头"了。

碰头后，我们做的第一件事，就是发动爱好文艺的老中青年村民组建法治文化宣传队，用"法治＋文艺"的方式精心表演各种法治文化节目。

然而，当我们在村两委宣传栏上张贴了组建法治文化宣传队的倡议书后，却没有一个人来报名。问到原因，他们的回答出奇地一致："我们不会表演。"

群众的回答虽说有点"不给我们面子"，却是实情。

如何调动群众参与的积极性？我们想到了两个小法：一是由镇文化部门的同志聘请行家里手，免费培训群众；二是凡是来参加法治文化宣传队的村民，按"应时应景"的各类劳务活动给予一定的报酬。

解决了群众的后顾之忧，慢慢地，群众中的文艺爱好者走进了村两委办公室。

吹拉弹唱的行家里手忙活起来了，他们顾不上吃午饭和休息，手把手地教群众拨琴弦、发声……

经过小半年的培训，报名参训的群众大部分通过了"毕业考试"。

这年农历十月初六，正逢镇驻地农贸市场举办庙会。这样的时机，正是村里的法治文化宣传队"露脸"的时候。

是时候露脸了，但是没有合适的作品，怎么露脸呢？

镇文化部门的同志加班加点，拿出了部分既接"天线"又接"地气"的作品；几位热爱表演的群众也在这期间创作了部分通俗易懂、脍炙人口的作品。经过紧张有序的排练，该村的法治文化宣传队在农贸市场的庙会上"搭台唱戏"了。

戏台前的群众围了里三层、外三层。几位外村赶庙会的群众站在戏台前，竟手舞足蹈像模像样地学唱起来。

不断创新发展才有生命力。这支法治文化宣传先锋队不断摸索，找到了经久不衰的"秘诀"。这支法治文化宣传先锋队的带头人，是一名爱好文艺表演的退伍军人，他发动大家成立了"草根创作室"，用本地的方言土语创作"法治文化节目"，将法治元素融入柳琴戏等文艺创作中，还融入春联、剪纸等传统文化元素，赋予法治文化宣传新的动力和动能，使其成为乡村法治文化传播的重要载体。有了这个基础，我们和村两委成员一起，围绕"扎根沃土创品牌"的目标要求，相继开展了法治文化节、"法治先行、乡村振兴""法典相伴有你我、美好生活永相随"等各类主题法治文化活动，将法治文化的氛围向附近村居延伸，推动了乡村法治文化的传播，有效增强了基层群众的参与性和互动性。

不过，单靠一支法治文化宣传队的力量撑起一个行政村法治文化建设的"软性"天地，显然是远远不够的。那么，如何全方位打造行政村法治文化建设的"软性"天地呢，我们和村两委成员一起，又一次进行了探索。

有一次，我和两名镇法律服务站的女同志一起步行到村两委办公室公干，正巧一名村委成员利用村两委大喇叭宣传普法知识，一名从我们身旁路过的村民小声嘀咕道："让我们学习，你们这些村干部带头学了吗？"说者无心，听者有意。是啊，法治文化的阵地建设，是外观的景致、景观，对群众能起到潜移默化润物无声的作用；法治文化宣传队只有部分村民参与，受益方首先是这些草根演员和部分常看演出的群众，那么其他群众要如何受益呢？

"群众出题，村两委成员答题，是督促村两委成员依法行政的有力举措。"记得有一次我外出参加法治讲座学习时，一位专家曾这样教导我们。

想到这里，我们和村两委成员坐下来进行了认真的商讨。商讨的结果就是：干部带了头，群众才有劲头。

村两委成员忙起来了，人人手捧着有关法律法规"死记硬背"起来。

看着"火候"差不多了，连续几个晚上，我们在村两委会议室里，发动群众前来出题，任意点名一位村两委成员走到会议室的讲台上答题。尽管都是在一个村子里摸勺子的老熟人，但在那样严肃的场合里，有的村两委成员还是被群众"考"得面红耳赤、汗流浃背。

群众考干部，干部也得考群众，只有如此，村里的法治文化"软性"建设才能掀起一个高潮。

当群众考干部的最后一场考试结束后，我和村党支部书记宣布了干部考群众的通知，考试开始时间定在4个月后的某天傍晚，形式是干部入户考试。

通知一下发，群众一下子炸了锅。

"咱们也得出出丑吗？"有的群众担心的情绪一览无余。

"到时候别把俺考'煳'了哈。"有的群众一边向村干部讨要有关法律法规的宣传册，一边向村干部"求情"。

……

4个月说到就到。

就在我们下发通知后第5个月第一周的周六晚上，我们和村两委成员一起挨家挨户不漏人考试。我们对收上来的试卷进行打分，村民达到60分以上的不到30%。这让我们大吃一惊。

"一点也不奇怪。"有的村两委成员说，"他们天天忙着种地，不会将主要心思放在这上面的。"

"两个月后重考。"村党支部书记发话了，"重考后，及格者年终福利照领，不及格者取消待遇。"

　　每年过年前，村两委都会利用村集体积累给每名群众发放40公斤稻花香大米和50公斤面粉，外加5公斤花生油，年满60周岁的村民每月领取200元生活补助，其他村民每月领取100元生活补助。符合考试条件的村民要是不能过关，这些福利就会被取消。

　　奖惩通知一下发，效果立马就显现出来了。

　　村党支部书记说："好几次了，晚饭后我路过老翟家，总能听到他家背诵有关法律法规条文的声音。"

　　"你还别说，那天我在地里育苗，跟我邻地育苗的小马哥休息的时候，坐在地头也拿出那些法律法规条文一条一条地读呢。"

　　……

　　看来，群众是真的用心了。

　　两个月后，不及格的进行补考，竟全部过关。

　　有关法律法规熟记于心只是初试，学会应用才是大考。

　　本着这一初心，我们给群众选编了法律法规"小红书""法律法规明白纸"，倡导村民自觉守法，依法处理各种矛盾纠纷。

　　另外，我们还在村里培养了几名"法律法规明白人"，及时处理邻里之间鸡毛蒜皮的矛盾纠纷。

　　这天，村里相邻的两户村民因一点琐事发生了矛盾纠纷，"法律法规明白人"闻讯迅速赶到了现场，他们利用自己掌握的法律法规知识，给东家讲解完了有关的法律法规，又费心地给西家讲解有关的法律法规，历时一个多小时，终于给两家邻居调解了矛盾纠纷，促使双方握手言和。

这些"法律法规明白人"，每天都牺牲自己宝贵的时间，在胡同小巷里，在田间地头，和群众促膝谈心，及时化解矛盾纠纷，无偿提供法律服务，播撒着法治文化的"星星之火"，让法治文化惠及全村父老乡亲。

第六节　栽下梧桐树，引来金凤凰

春去秋来，这天镇党委、政府召开了由镇直各部门负责人和全镇各行政村两委成员参加的"美丽乡村建设推进会"。会议一结束，我刚走出镇政府的多功能会议室，就被抢先一步跑出会议室的 E 村村两委一班人拦住了。

听他们说明来意，我把他们带到了镇政府文化站办公室里。

他们的意思是，让我去他们村指导一下。

尽管他们没有说透彻，可我非常明白他们的心思。

E 村确实需要来一次彻底改变了，否则"振兴乡村经济，建设美丽乡村"就是一句空话。

说得这么绝对，是有"历史根源"的。

送走 E 村村两委一班人后，我陷入了沉思。

E 村过去是我们镇"小康村"的典范。这个村的老支书带领全体村民发展林果业，栽植的红富士苹果、丰水梨、雪里红山楂、猕猴桃风靡一时，家家户户由此脱贫致富，提前过上了小康生活……这曾是他们村的骄傲。后来，老支书年事高退休了。经过全体党员推荐、选举，一位戴着眼镜，看上去文质彬彬的退伍军人被推举为村党支部书记，和这位年轻的村支书搭班子的村民委员会主任是一位年轻的高中生。按理说，两位年轻的负责人应带领全体村民锐意改革，不断创新，将他们引以为傲的林果业升级换代，跟上时代发展的步伐才对，然而两位年轻的负责人却思想守旧、固守老本，对村民呼唤"改革"的呼声充耳不闻，导致该村渐渐落后于这个新的时代。

前几年，为了振兴该村经济，镇党委、政府给该村引来了一项"影视城"建设项目。几家知名的电影制片厂和著名的制片人、导演闻讯前来考察。"我要在这里重新拍摄《渡江侦察记》。"一位著名导演看着村前滚滚东流的河水和茂密的芦苇，拿出协议书就要当场签约。另外几家知名的影视公司和几位知名的制片人也拿出了协议书，要当场签约，出资建设影视城，拍摄几部影视巨作。镇党委、政府的同志大喜，这毕竟是促使该村经济升级换代的良机啊。然而，当镇党委、政府的负责同志电话通知 E 村村两委成员前来协商合作、开发、建设事宜时，闻讯的村民抢先一步赶了过来，将镇党委、政府的负责同志和几位著名的制片人、导演围了起来，对准备建设影视城的那片荒凉沙滩地上的附着物提出了非常不合理的补偿要求。

不用说，镇党委、政府好不容易给该村引来的项目被搅黄了。

此后，E 村又拒绝了几个准备来此落户的环保高档板材项目。

渐渐地，E 村淡出了人们的视野。附近村庄发展起来的草莓、番茄、桑葚等采摘园将他们"老旧"的林果业远远地甩了几条街。

或许是认识到了问题的严重性，想"敢教日月换新天"了，他们找到我，想先栽下"文化振兴"这棵梧桐树，用这棵梧桐树引来"金凤凰"。想到这里，我和镇政府的4名同志当天下午就来到了E村。

我们和村两委一班人及部分思想比较开放的村民代表座谈，没想到，座谈会竟然开成了"诉苦会"。

一位年长的老者率先"开炮"："这事你们不能把责任全推到群众身上，干部有不可推卸的责任。别的咱们不说，就说前几年的影视城建设吧。要是把影视城建起来了，咱们村的村民肯定能去当群众演员，那些七老八十的村民也有工作干了，身强力壮的群众给演员们做盒饭收入也很可观嘛。这事不就是个别村干部暗地里鼓捣群众，对沙滩地上的附着物漫天要价给搅和黄了吗？"

一位中年妇女接着"开炮"："有些人太自私了。前几年有几家环保高档板材企业要来咱们村建厂，咱们村有的群众认为，建厂得占用咱们村东南那一大片沙滩地，说什么也不能让外地人占用了，结果就把这好事给搅和黄了。而他们自己，却联合外村的几个小痞子私自开沙厂。要不是法律收拾了他们，他们还不知道整出什么幺蛾子来呢。"

……

镇政府的一位工作人员轻轻拍了一下我的胳膊："眼下村民们解放思想是关键。"

尽管这位工作人员是压低声音给我传递信号的，但他的话还是被参会的村两委一班人和村民代表听见了。

"要不咱们先召开全体村民大会，来一次彻底的'解放思想'大讨论。"村支书提出了他的建议。

"为时尚早。"另一位镇政府的工作人员站起来说，"我们应该先学习其他行政村的文化振兴经验，在咱们村里的显要位置建几处'解放思想、更新观念''遵纪守法，振兴乡村经济'的文化景致、景观，先营造出氛围来，以此潜移默化地影响群众、教育群众。时机成熟了，我们再开个思想解放的大讨论会议如何？"

他的心声就是我的心声。

就这样，根据群众的意见，镇中小学美术教师利用周末时间，在该村十字路两侧村居的墙壁上，用"广告色"描绘了"解放思想，更新观念，扩大招商引资，建设美丽富饶乡村"的漫画；书法教师用排笔书写了"解放思想，掀起项目建设新高潮""在解放思想中统一思想，在解放思想中创新发展""大力解放思想，优化经济发展环境""解放思想，实事求是，提高素质，自强不息""解放思想，抢抓机遇，创新发展""牢固树立'创新、协调、绿色、开放、共享'的新发展理念""立足新起点，扬帆新征程""立足新起点，把握新常态，抢抓新机遇，推动新发展"等一系列标语。

尽管用料简朴，但是对标其他行政村的"墙壁文化"，这样并不深奥的解放思想的墙壁文化，不论从哪方面说，都是一道亮丽的风景。

对此，我们曾偷偷地观察过，从此路过的本村群众都会驻足观看、欣赏。

有的群众说："咱们村是不是有什么大动静？"

有的群众就接话说："前几天听村干部说，咱们村要想方设法大发展呢。"

"别是一阵风就行。"有的群众担心起来。

听到群众这样的评论，我们和村两委一班人及部分思想比较积极的群众交流："我们已经踢开了第一脚，从群众的反应来看，效果还是有的，起码触动了群众敏感的神经。接下来，我们是不是要打造几处法治文化景观，用法律法规和村规民约来约束群众的行为？"

我们的建议得到了村两委一班人和群众代表的支持。

就这样，我们在村两委办公室前边的群众娱乐广场上，建起了法治文化景观；在村西直通国道的乡村道路两侧，竖立起了法治宣传牌和栩栩如生的法治宣传漫画，将其打造成了法治文化宣传一条街。

漫步在法治文化宣传一条街里，我们又和村两委一班人及群众代表拉起了家长里短："在你们村南及村东南那两片沙滩地里建两处法治文化景点如何？"

可能那是他们的"伤心地"，村两委成员及群众代表沉默了。

"我知道，影视城风波和沙厂事件，让你们心有余悸。可是，我们是不是应该这样想呢？越是这样的场所，我们越是有必要在此建立起法治文化的教育阵地。"我启发他们说。

其他工作人员也纷纷发表了自己的看法。

不走寻常路，或许就是寻常路。

村两委成员及群众代表点头同意了。

于是，我们利用晚上的时间，拿着征求意见书挨家挨户征求群众的意见。得到大多数群众的支持后，我们在原影视城建筑工地后面建起了法治文化主题公园；把原沙厂进行了改造，建起了集水上乐园和法治文化于一体的水上游乐场。

这些举措，不但极大地丰富了群众的娱乐活动，也让群众在娱乐活动中自觉或不自觉地接受了法治文化的熏陶。

"两手抓，两手都要硬"，始终是我们坚守乡村文化振兴的初心。本着这一原则，我们和村两委一班人及部分群众代表一起，拿出了该村的村规民约初稿，经反复征求群众意见，最终确定了7款60条的村规民约。

为了让村两委一班人依法行政，为了让群众依法"为人处世"，我们又在村里组建了觉悟高、能自觉践行法律法规和村规民约的"群众监督队"，对村两委成员及群众进行监督。

时机成熟了，我们适时召开了全体村民参加的"解放思想"大讨论，统一了群众的思想：搞好招商引资工作，答好转型升级、建设美丽富饶乡村答卷。

当我们认为是时候撤出该村，让镇招商办的同志进驻时，村两委一班人及群众代表却给我们提了个醒："影视城项目我们想启动，那几家环保板材项目我们也想再引进来。有了前车之鉴，就怕人家不来了。"

"那要怎么办？"我也犯难了。

"要不这样，"村支书说，"我们村有在外地工作的同志，我们联络联络，看看由他们出面做做工作，试试能否再把项目引进来。"

"这不是根亲文化吗？"镇政府的一位工作人员脱口而出。

"是的。"我想了想说，"我们商量一下，看看如何操作根亲文化，以此把招商引资工作做好。"

镇招商办的同志闻讯赶来，跟我们一起做好这篇大文章。

这个村杨姓居民居多。于是，我们发动村两委一班人出面，向在外地工作、祖籍在该村的同志发出"寻亲贴"，请他们回村寻根寻祖。

寻根寻祖，是我们中国人固有的传统。"寻亲贴"发出去不久，十几位在外工作、祖籍在本村的同志回信了：清明节回去。

让我们没有想到的是，来年清明节的前一天，村两委办公室里竟坐了几十位"有头有脸"的祖籍本村或同本村"沾边"的人士。年事已高的同志，由子女陪伴来到了 E 村；同本村杨姓居民沾亲带故的同志，由祖籍本村的知名人士介绍、引领来到了 E 村。镇党委、政府的领导闻讯也赶了过来，陪着这些"知名人士"观看 E 村的变化。看着 E 村的文化建设，这些知名人士纷纷伸出了大拇指。

清明节后，这些知名人士要回去了。我们抓住时机，给他们举行了欢送会。会上，村支书把自己的"活思想"说了出来：麻烦各位亲人从中牵线搭桥，我们重整旗鼓，把影视城、环保板材项目重新引进来，带动我们村的经济发展转型升级。

知名人士纷纷表态：已经看到了镇党委、政府和村两委一班人的态度、决心，回去后一定多方联络，多做工作，力争早日见成效。

不久，该村一位在北京某文化口工作的同志给村支书打来了电话："一家影视传媒公司有来投资建设影视城的想法，你们是否来做做工作？"

机不可失，我们连忙聘请有关人员拍摄、制作了宣传片，除了介绍该村文化振兴取得的成绩，还重点介绍了该村群众观念的转变，思想的解放和遵纪守法的良好面貌。

我们和招商办及村两委主要负责人远上北京。

我们没有掩盖过往的过失，诚恳地谈起了过往的不足。看完宣传片后，村两委主要负责人先代表全体村民做了深刻的检讨。

这家颇有实力的影视传媒公司被我们的实诚打动了，当即决定在我们返程当日和我们一起来 E 村考察。

影视传媒公司有关人员到该村考察那天，有的村民给他们送来了可口的饭菜，有的村民送来了自家种植的新鲜水果。有一位老大娘还送来了一大筐自家种植的新鲜蔬菜，说这是真正的纯天然蔬菜，压根就没施用化肥和农药，全用农家肥催育，让人家带回家给老婆孩子尝尝。

善良的村民，淳朴的村风村俗，打动了影视传媒公司的考察人员，他们当即同 E 村签订了建设影视城的协议。

就这样，一年后，在 E 村群众的积极配合下，一座崭新的影视城拔地而起。

十几个摄制组闻风而动，驻扎在影视城，有的是拍摄电视剧的，有的是拍摄电影的，有的是拍摄宣传片的。E村的群众有"活"干了，有的来当群众演员，过把"演员"瘾，有的摆小摊、卖小吃，就连做盒饭专门供应演员就餐的都有好几家呢。

见招商引资诞生的影视城非常成功，几位成功人士一起做工作，把那几家曾被群众撵走的环保板材企业又请了回来……

就在这几家环保板材企业建设得热火朝天时，一家大型制药企业的考察代表走进了该村。

原来，同该村杨姓居民沾亲带故的几位知名人士，自觉地当起了该村的"代言人"和"形象大使"，全方位、多角度、深层次地讲好E村翻天覆地的变化故事，传播E村的美好声音。这家著名药企被他们的宣传打动了，派人前来考察，决定把研发机构搬迁过来。

这家药企的举措，是我们万万没有想到的。

受此启发，我们和村两委一班人一起，广泛征求他们的发展思路。这些知名人士纷纷建言献策。据村两委一班人介绍，经统计，他们已收到知名人士的建议、意见达44条，大家都积极为村里的招商引资工作赋能。

村两委一班人还说，目前还有十几家外地企业正在村里考察，准备在此建功立业呢。

第七节　向上向善向美

F村，常住人口不到1500人，是标准的文化振兴落后村，主要原因是经济发展滞后，导致文化振兴也落后于其他行政村。走进该村，人们找不到任何文化娱乐场地和场所，村民白天忙完农活，要么三五成群蹲墙根拉呱侃大山，要么聚众打扑克、下棋消磨时间。到了晚上，村民要么东家串西家聊天，要么躺在床上、沙发上抱着手机刷视频打发时间。

要想从根本上解决该村存在的问题，必须先从文化服务上找到突破口，进行大规模的文化阵地建设，选拔、培养乡村文化人才，挖掘村里的传统文化，进而进行创新发展……

一言以蔽之，该村是标准的文化振兴"空白村"。

"尽管该村的文化振兴是一张白纸，可这张白纸正好能描绘最美的图画。"给同人们"打完气"，我们骑车来到了该村。

寒暄过后，开门见山，我们提出该村要建设文化小广场和乡村大舞台。没想到，村两委一班人"叫起苦来"。

村支书说："俺村集体是一分钱也没有，这文化广场要怎么建啊？"

村民委员会主任说："地方倒是有，我们村两委办公室前边的这片空地，是当初规划建设村两委办公室时剩余的。这地儿建个小型文化广场绰绰有余，就是缺钱。只要有钱，我们很快就能建起来。"

村两委两位负责人的"叫苦连天"一点也不虚。

经济发展滞后，导致村集体积累是零。对该村的这一现状，我们是了解的。镇党委、政府的领导曾对我们说："钱的事你们不用犯愁，镇政府想办法解决，你们只负责规划、建设。"想到这里，我对村两委一班人说："给你们交个底，所需资金，镇政府会替你们想办法的，我们的任务就是把你们村的文化建设好。"

听我这么一说，村支书"跳"了起来："那咱还等什么！"

那天早晨，我们和村两委一班人"碰头"后，一点也没休息，连杯水也没喝，就一起对村两委办公室前的那片空地进行了丈量、规划。

我们一边丈量、规划，一边和村两委一班人交流，经过碰撞，我们和村两委一班人达成了共识：利用村两委几间闲置的房屋，建微型村史馆；利用村里宽阔的十字路口，建不妨碍交通的"乡村大舞台"；我们还要开展系列活动，丰富群众的文化娱乐生活，以此提高群众的幸福指数。

我们把规划汇报给镇党委、政府的领导，领导说："我们已经跟上级领导汇报了，上级很快就给派来驻村'第一书记'，所需资金马上就能解决。"

不久，第一书记市政府某局办公室副主任小陈来到了该村。

见过面后，我们和村两委一班人跟驻村第一书记进行了关于乡村文化振兴的交流。小陈说："未来之前，我通过各种渠道对这个村子进行了详细的了解。说心里话，你们提出的'乡村文化一定能提高群众的幸福指数'的构想非常好。镇党委、政府的领导也跟我说了，你们放心就是，所需资金我已经向局领导汇报了，资金很快就到位。"

没过几天，资金就到位了。

解决了资金问题，村两委一班人雷厉风行，时间不长，就建好了小文化广场、微型村史馆、乡村大舞台。

一阵电子鞭炮的轰鸣声，叫醒了沉睡的村庄。

夜晚的灯光虽然不是那么耀眼，但村民们还是呼喊着拥进了小文化广场。

我们和小陈站在文化广场一隅谈起心来："群众想跳广场舞，可是没有名师指导，她们不会跳啊。"我指着几位胡乱扭动身体的大妈对小陈说。

"这样好不好？"小陈告诉我，"我妈是广场舞迷，我让我妈来指导大家。"

小陈真够拼的，第二天晚上，就把他母亲请来了，同时还请来了他们小区迷恋广场舞的热心居民。

在小陈妈妈和热心居民的指导下，广场舞大妈的舞技迅速提高了。

后来，村里的广场舞大妈还应邀来到小陈妈妈居住的小区，跟小区居民在小区外的广场舞训练场进行了几场广场舞"友谊赛"呢。

微型村史馆建成后，我们和小陈一起，动员两位40岁左右的村民委员会成员当起了讲解员，利用晚上的时间，免费给前来参观的群众讲解。在这里，群众通过今昔对比进行忆苦思甜，慢慢地，群众的凝聚力强了。有的年轻村民说："和以前比，我们的生活确实好了。可是，同外村比，我们还是落后啊。是时候改变了。"

接着，我们根据群众的需求，又利用村两委办公室的空闲房屋，建好了群众图书室、群众阅览室。

这样一来，村里乡村文化的"硬件"建设已颇具规模，接下来我们就要进行一系列的"软件"建设了。

我们和小陈及村两委一班人做的第一项工作是，建立起了多种形式的志愿服务队伍。我们在村里先后成立了"党员志愿服务队""家庭妇女互助组""中老年男性村民绿化养护志愿服务队"。

我们首先对这三支队伍进行了思想教育，在此基础上又进行了相关业务培训。后来，我们在实践中不断总结经验，探索出了这三支队伍的管理规则和服务标准。比如，"党员志愿服务队"每周开展两次活动，每次活动持续2个小时；"中老年男性村民绿化养护志愿服务队"每两周开展一次活动，每次活动不超过2个小时。表现优异者，不但有精神奖励，还有物质奖励。

好的制度能催生人的内驱力。

村里的一位老党员，多年前，丈夫因病去世，唯一的儿子和孙子在一次车祸中双双离她而去，儿媳也再嫁他乡。一连串的厄运并没有击垮她，她将有限的精力奉献到无限的为人民服务中。她发挥自己的特长，谁家的儿媳生产了，她就去做免费月嫂，满腔热忱地伺候人家的儿媳和孙辈。

村里有一位残疾小伙子，加入了"中老年男性村民绿化养护志愿服务队"。自从加入这支队伍，每两天，他都会将村里几处道路两侧的绿化带细细地打理一次。村里的"中老年男性村民绿化养护志愿服务队"活动时，只能拿着剪子、扫帚、垃圾桶"走走过场"，因为好多工作已经被这位残疾小伙子提前做好了。

村里有两户村民是邻居，自打这两户村民家的女主人参加了"家庭妇女互助组"后，就相互约定，每天早晨，甲家的女主人负责送两家的孩子去学校上学，下午放学后则由乙家的女主人负责接两家孩子回家，如遇特殊情况，可以相互交换。

事情虽小，可体现的都是互助的精神。

这种精神，正是我们需要在村里发扬光大的。

就这样，每年春节期间，我们都会请一些乡村剧团的同志，来到村里的乡村大舞台上说唱村里这些真人真事、好人好事。

村里群众的精神面貌，引起了村里一位在广东东莞创业的成功人士的注意。他悄悄回村观察了几天后，在驻村第一书记小陈返回工作岗位的第4天，就从东莞带来了7位老板考察。

在上级有关部门的帮助下，没过多久，由东莞7位老板投资的光伏板厂、高档家具厂等7家民营企业落户该村。

由此，村民们摇身一变，成了既种地又务工的双重身份的"工人"。

手中有了钱，经上级有关部门批准，该村进行了旧村改造，家家户户都在原住址上建起了二层楼。

一下子，过去破破烂烂、脏乱不堪的旧村居不见了。

村内的道路硬化了，路灯竖起来了。

　　走在村里宽阔的村道上，呼吸一口新鲜的空气，心情一下子就舒畅起来。

　　村内的二层楼整齐划一，高矮一致。村道两侧的绿化植物绿油油的，散发着诱人的清香。就连一排排二层楼之间的小道，也统一挖建了埋于地下的下水管，家家门前栽种了观赏性的花木。

　　有一天，我们文化站的同志和村两委一班人徜徉在村道上，观赏着村里的巨大变化，我们就给村两委一班人建议：你们村的村集体积累也很厚实了，可以在村民二层楼的墙壁上"描绘"宣传画，在村道两侧竖几块"公益广告"牌及文化宣传牌。

　　村两委一班人想了想，立马答应了。

　　也就在那天，我们和村两委一班人溜达到了村支书的家门口。村支书热情地邀请我们到他家里坐坐。想想自打进驻该村以来，我们只顾着工作了，还真没有到村两委一班人任何一人家里坐坐，于是就顺腿走进了村支书家。

　　迈进他家的那一刻，我们就发现了我们工作中的失误。

　　他家的饮用水，是自家打的井水；厕所虽在庭院的西南角，为单独一间，但不是马桶式的抽厕；庭院里的各种家什胡乱堆放着……

　　这和整洁、干净的村道形成了鲜明的对比。

　　村支书家是这样，其他村民家是否"另类"？我们走访了几户村民，发现家里的情况和村支书家并无二样。

　　我们将这些汇报给镇党委、政府的领导，领导说："我们曾做过几次自来水公司的工作，因该村偏僻，投资过大，施工难度也大，所以干净、卫生的自来水一直没能进入该村。现在好了，我们市的一家企业，更换了一套适合村居集体使用的净水设备，我们已联系过了，可让该村低价买来使用。"

谁也没有想到，热心公益事业的那家企业老总，竟一分钱没收，就将那套净水设备"贡献"给了村里，还派出工程师免费给村里安装、调试好了这套设备。

将村后一"长流水"的大型水井重新修建，村里就具备了家家户户饮用自来水的条件。

自来水管道一一铺设到家，扭开水龙头，哗哗的自来水就流到了家家户户。

我们面临的另一个难题就是厕所改造。

村里用抽水式马桶不现实，因为冬天马桶里的水会结冰。这时，经常在快手上发布视频作品的村妇女主任刷到了一条农村改厕的视频。

照葫芦画瓢。

每家每户只需要投资几百元，就能从市场上订购筒式化粪池埋于户外的地下。村民每次大小便后，春夏秋季节，可以拉一拉悬挂在厕所墙壁上的挂槽拉绳，用水冲刷厕所；冬天结冰后，可以用厨房里的温水冲刷厕所。

接下来，我们进行了"美在农家"评选活动，看谁家的庭院收拾得利利索索、干干净净、整整齐齐。

凡是当选的家庭，村两委一律挂牌表扬。

村里一户家庭的变化最有说服力。

这户家庭，过去因家里邋遢而出名。这么说吧，他们家庭院里堆放的杂物太多，乡邻们到他家串门，从庭院走到客厅，都得七拐八拐才能走进去。客厅里别的地方不说，就说沙发上，由于堆放的衣物和杂七杂八的东西太多，客人都没法落座。

"美在农家"开始评选后，看着别人家屡屡当选，这家男女主人的神经被触动了。他们到邻居家参观学习后，思想很快就转变了。

思想变了，行动也就快了。

后来，他们家收拾得妥妥当当的，连续多次被评为"美在农家"的标杆。

如何让这一活动持久开展下去呢？经过和村两委一班人沟通，我们协助村两委先后成立了"美在农家民意征集办公室""美在农家推进办公室""美在农家'标杆'评选办公室""美在农家'标杆'评选监督办公室"，这4个办公室的负责人，均是村里德高望重的村民，成员也是办事认真、公道的村民，从而保证了这项工作的有序开展和评选的公平、公正、透明。

与此同时，在我们的倡议下，村两委又先后成立了"村民议事会""红白理事会""财务监督委员会"等村民自治组织。这些村民自治组织，根据自己的村情，相继丰富、完善了村民自治章程、村民议事程序及规则、村务公开、重大事项决策、财务管理程序及规章等制度。

我们以"红白理事会"的工作为例。

村里的"红白理事会",倡导村民破旧俗、树新风。村里有病故的老人,前来吊唁的亲朋好友一律"三鞠躬"行礼,摈弃了让人深恶痛绝的一切陋习。招待吊唁的客人,无烟酒,只有清茶一杯。席面只有两荤两素4个菜,饭食是馒头。

简朴办丧事,在村里成为一种常态。

我们再以村里的"村民议事会"为例。

"村民议事会"经过讨论,给村两委提了一个建议:村容村貌已经十分美丽了,可是村里的民主法治、平安村居的创建还有差距。看其他村过年的时候,都从镇政府抱回来民主法治村、平安村的奖牌,大家都馋得慌。

民意不可违。村两委迅速开展了民主法治村、平安村的创建工作,经过一段时间的努力,成效十分明显。

通过"向上向善向美"乡村文化赋能,村里村风文明、家风良好、民风淳朴,物质文明和精神文明取得了双丰收,一幅栩栩如生的美丽乡村建设画卷徐徐展开,迎风飘扬。

第八节　思考

弘扬名人文化、花卉文化、"孝文化""家文化"、法治文化、根文化、向上向善向美文化……凡此种种,都是为了提高群众的思想觉悟,激发群众奋进新时代的昂扬斗志。

这,便是乡村文化振兴的模式之二。

这一模式，给了我们诸多启发。

身为基层文化建设工作者，在乡村文化振兴建设中，既是策划者，也是实践者；既是号召者，也是动员者；既是上下贯穿者，也是上下链接者……诸多身份，注定了基层文化工作者要做一名合格的现代乡村文化的传播者，也要做一名现代乡村文化的耕耘者。身为村两委成员，在乡村文化振兴的大潮中，要做新时代乡村文化振兴的弄潮儿，万万不可将理念束之高阁，得过且过，要带领全体村民共同参与乡村文化振兴，以此增强村居内部活力，达到乡村两个文明共同发展的目的。

乡村文化振兴实践要学会举一反三。只要是能切实振兴乡村文化的举措，那都是好的举措。举一反三，不走寻常路，或许就是一条乡村文化振兴的光明大道。条条大道通罗马，现实的事例证明，这确实是畅通无阻的阳光大道。

"孝文化"也好，"家文化"也罢，其实，它们就是美丽乡村与生俱来的内核文化。这种文化，是某些行政村自建村以来逐步涵养而成的一种特殊的符号文化。这种文化，在群众的心里早已扎根，生根发芽，开花结果。对这种文化，我们要做的就是去其糟粕，留其精华，与新的时代背景糅合，在发展中不断传承这些符号文化，以文铸魂，提亮本色，使其发扬光大。

乡村法治文化建设是依法治村的重要支撑。我们知道，在广袤的农村大地，依法治村需要乡村法治文化潜移默化的影响和引导，乡村法治文化建设需要依法治村来检验成效，二者相辅相成，不能隔离。在乡村，要想从根本上破除陈规陋习和落后文化的侵袭，法治文化建设和依法治村是唯一选项。从另一层面说，乡村法治文化建设和依法治村相辅相成，能确保群众的根本利益不受侵犯，能维护公平正义，能满足群众对美好生活的向往与追求，使群众充分享受改革发展创新的成果。法治文化"开道"，依法治村"维护"，我们就一定能壮大乡村集体积累，建设美丽富饶文明民主的社会主义新农村。

在乡村，摒弃"小农思想"和私心杂念，转变思想观念，强化基础设施建设，用亲情、"根文化"感染人，就能招来商引来资。哪怕是曾经受到伤害，只要我们亲情到位，"根文化"确实感人，曾经伤心离开的"商"肯定能再来，曾经伤心欲绝的"资"也会再来。如果我们再能注重政府引导、提供金融服务、强化人才引进和培养、加强宣传和推介，新的"商"能来，新的"资"也能来。

向上向善向美的乡村文化建设好了，一定能提高群众的幸福指数，因为我们提高了乡村文化振兴和服务的适应性，推动乡村文化的传承和发展，从根本上改变了群众的思想认知，群众能自觉地展示乡村文化的万千气象，形成有形文化和无形文化互动的生动情景，还能由此培育乡村经济新的增长点，让乡村文化焕发出崭新的生命力，群众在乡村文化振兴实践中做主人、做主帅，能获得"当家做主"的幸福感。如是，乡村文化振兴提高群众的幸福指数就绝不会是句空谈。

第四章

"小天地"，大作为

——乡村文化建设十小工程之一

第一节　小书屋，大能量

小书屋，是振兴乡村文化的"细胞"工程，但是这个细胞工程散发的"大能量"，却能让无数人感到惊艳。

在我们镇，在我们文化口的同志合力打造小书屋的过程中，有两个典型村的小书屋建设，值得称道。

第一个行政村所处位置有点特殊。

这个行政村位于半山腰，由5个自然村组成。

当初，我们决定在这个行政村里建设小书屋时，村两委负责人的意见是，由于他们是标准的小山村，村集体积累异常薄弱，应本着勤俭、实用的原则建设小书屋。

他们说得没错。我们镇文化口的同志在这5个自然村里转悠时，发现这5个自然村受地势的限制、影响，房屋高低错落。村两委办公室也只有几间房屋，在这办公室里建设小书屋，显然不现实。

无奈，我们决定带领行政村两委一班人和各个自然村的小组长，到附近的县城转转，看能否找到建设小书屋的居所。

走到县城高铁站附近的一家货运场，眼尖的村党支部书记发现了他们废弃不用的集装箱："哎，咱买几个集装箱，把它们改造成小书屋吧。"他的话音刚落，其他人一致提出了反对意见："这么大的家伙，我们怎么运到半山腰？"

是啊，尽管山路已经硬化，可山路崎岖、狭窄，的确难以将这么大的集装箱运输到目的地。

否决了该方案后，我们继续在县城里转悠。

当我们转到一家活动板房预制厂时，众人眼中放射出了希望的光芒："这个活动板房能拆卸，我们可以用小型农用车将板块运送到村里，然后再组装起来，不就成了小书屋吗？"

"那我们将小书屋建在哪里呢？"想起这5个自然村高低分明的地势，我疑虑重重。

"好办啊，任姐。"村民委员会主任笑了起来，"我们有挖掘机，在村里平整出一块场地还不算困难。"

对他的回答，我不大满意："平整的场地需要硬化，方便群众前来阅读。再者，小书屋应在村委办公室附近，要有专人管理，防止图书丢失。"

对此，村两委及各自然村的小组长哈哈大笑起来。他们说："我们山村村风淳朴，绝对是'道不拾遗，夜不闭户'。建好的小书屋绝对不用人看管。场地硬化再简单不过了，几袋水泥和部分碎石块就解决了。"

按照他们的意见，我们回村后迅速踅摸了场地，租借挖掘机平整了场地，又用山上的碎石块和购买的水泥硬化了场地。一周后，我们购买的活动板房条条块块被农用车运送上来了。活动板房的技术员迅速安装好，再涂抹上防腐漆，很快，这5个自然村的小书屋的"硬件"就建设好了。

我们购买了部分受村民欢迎的图书，又在其他行政村发出捐书倡议，淘来了部分图书，终于将小书屋"填充"完毕。

活动板房空间狭小，我们说服村两委一班人购买了一些遮阳伞、塑料座椅、塑料书桌，在场地里建起了"露天阅览室"。考虑到村民有喝茶的习惯，我们给小书屋通了电，安装了饮水机，山泉水取之不尽，泡上自家采摘的山茶，美美地喝一口，一股清香直冲脑门。场地里竖起十几根电灯杆，安装上白炽灯，不论白天还是夜晚，村民们都能边饮茶边读书看报，绝对是一种享受。这样的安排，在春夏秋季节是享受，大雪封山的冬季如何在此读书看报？我们和村两委的同志想到了可以在野外居住的帐篷。受此启发，我们又购买了一些能通电照明取暖的帐篷，建起了迷你型的室外阅览室。

这样的布置，既温馨又浪漫。村民们都说："城里人不是都好野炊嘛，咱也体验一把这种享受。"

这种享受可真不一般，村民们在这里读书看报后，可以拉拉家常，交流交流在"世外桃源"读书看报的感受，还可以相互"汇报""世外"的各种见闻，无形中，这样的活动拉近了村民之间的距离，增进了彼此之间的感情。

这还不是最主要的。

最主要的是，村民们可以在这里各自"陈述"发家致富奔小康的经验及所见所闻，互相启发，发现商机，巧妙地走出了一条快捷的致富路。

这晚，几户村民相约来此读书看报。临近回家休息，一位村民说，他前几天利用周末带着老婆孩子到一景点旅游时，发现他们那里的非遗一条街上，有的商贩在销售过去人们穿的草鞋，老婆孩子没见过这种草鞋，买了几双回家穿着玩了几天。一位姓王的村民得知这一消息，回家后就和老婆商量，咱这山上就不缺乏茅草，何不……于是，这两口子白天管理自家板栗园的同时，空闲时间就上山割来茅草，学着编织起了草鞋。他们拿着样品来到那旅游景点的非遗一条街和人家沟通，没想到人家还同他们签订了收购协议。在他的带动下，这个仅有十几户家庭的小山村竟家家户户编织起了草鞋，源源不断地向一些旅游景点供应，成了有名的草鞋编织村。

另一个自然村更"另类"。

同样是在迷你阅览室读书看报期间，一位村民无意间聊起了他和爱人及孩子外出到一家动植物园旅游的情景。他说，在那家动植物园里，孩子们发现饲养的鹿时，激动得大喊大叫，还把手中的香蕉喂给鹿吃。

"咱们要是有能力饲养鹿，可能也会发个小财。"那位村民感慨地说。

他无意的一句话，却被另一位村民记在了心里。

以后的日子里，他几乎天天来小书屋翻找饲养鹿的书学习，空闲时间就到外地饲养鹿的基地取经。待时机成熟，他便购买了几十头幼鹿，将自家的山地蔬菜大棚改造成了鹿舍，专心饲养起鹿来。

没出几年，他便因饲养鹿发了财。

受其影响，这个自然村的近二十户村民也照葫芦画瓢饲养起了鹿，同样也都收获满满。

在这里找到致富门路，只是小书屋的功能之一。

其他功能，也让村民受益颇多。

有的村民从自己家里带来书在此阅读，村民可以相互交换阅读；梅雨季节，村民的雨伞坏了，有修雨伞手艺的村民可以免费为其修理；村民的菜刀、剪刀长久使用后锋刃钝了，失传多年的"抢剪子、磨菜刀"自学成才的师傅就冒了出来；常年居住在半山腰，下山理一次发费时又费劲，有一技之长的村民手中提着理发工具就在此开张，免费给村民理发，妇女天生爱美，免费染发在这里也就有了市场；山中的村民身体好，有个头疼感冒的也不愿就诊，大多凭强壮的身体硬扛，村医放心不下，提着简易小药箱就来到了这里，不耽误村民读书看报就给他们测量了血压……

"这里环境好、设施多、服务又多，我们边读书看报边接受服务，又能在这里说说话拉拉呱，说不定还能得到好多致富信息。别说我们了，就是你们也乐意来这里啊。"有的村民这样跟我们说。

成年村民的热情参与，感染了自家的孩子。周末的时候，好多学生便聚集到了这里。一些老党员发现孩子们特别爱读战斗故事书，就给孩子们讲起了抗日战争时期游击队可歌可泣的革命故事。暑假的傍晚，家长们常常带着孩子来到这里，在迷你帐篷里插上电蚊香，居住于此，揭开头顶的帆布，隔着透明的塑料布，仰头看向天空数星星，闭上眼睛听听田野里的蛙鸣，用鼻子嗅嗅果树散发的清香，不自觉地，美育教育的大课堂在这温馨的帐篷里展开。高年级的学生受此影响，也迷恋上了这里的小书屋和帐篷里的阅览室，读读诗歌，读读小说，思维便活跃起来。活跃的思维快冲出脑壳了，有的高年级学生便有模有样地写起了诗歌、散文、小说。有的学生写得成熟了，作品便被一些媒体发表了。

就这样，这里焕发出了乡村文化的新气象。

另外一个行政村和这个山村相比，却是另一番"滋味"。

这个行政村，位于我们镇的平原地带。

因村里有一家大型私营企业——鞋厂，该村集体积累的家底十分厚实，建起来的小书屋也十分漂亮。可是，由于村民大都成了这家鞋厂的工人，确定管理小书屋的人选就成了当下亟须解决的问题。

我们和村两委一班人商议，决定由村干部轮流管理。村干部管理了一段时间，弊端就暴露出来了：一是村干部有时需要外出开会、参观或参加村里的其他村务活动，小书屋开门不及时，常常耽误群众的读书活动；二是群众都到鞋厂成了工人，收入稳定且丰厚，村干部义务管理小书屋，久而久之就成了村里的困难户，管理小书屋的积极性就不高了。

"我们在青年男女中招募志愿者，和村干部轮流管理，这样可以减轻村干部的部分负担。"我们镇文化口的同志给村两委提了一个建议。

"这是一个好办法。"村支书是一个明白人，"我们也可以通过社会力量进行管理。"

"好。"我大喜过望，"三角形有稳定性，'三条腿'走路肯定比一条腿、两条腿走路稳当。"

于是，我们向本村青年男女发出了招募令，村团支部率先行动，倡导团员青年参与小书屋的管理。招募令张贴在村委大院和村内主要街道两侧楼房的墙壁上。当晚，就有团员青年来到村委团支部办公室报名了。

招募截止日期过后，村两委联合村团支部从报名人员中选拔了13名具有公益思想的团员青年加入了管理小书屋的队伍中。

根据村支书的建议，我们和区新华书店取得了联系。经过协商，他们定于每周末的晚上来这里，一边管理小书屋，一边向群众推销各种读物。

"三条腿"走路的管理模式，再也没有耽误群众走进小书屋读书看报。

一天晚上，来此读书的一名女青年的一句玩笑话，给我们提了个醒。

那晚，那名女青年在小书屋读完一本书的某些章节，准备回家休息时说，那家鞋厂的工人中午在集体宿舍休息时，常用开玩笑、拉呱、侃大山的方式消磨时光，受管理制度限制，小书屋的书报不能带到宿舍里阅读，要是能把小书屋搬到鞋厂方便工人阅读，阅读后再及时送回小书屋就好了。

群众的需要就是我们工作努力的方向。于是，我们和村两委的同志商量后，又定制了安装了滑轮的预制小书屋，由管理者运送到鞋厂和鞋厂附近的饭店、小吃店、商店、卫生室、药店，从而极大地方便了群众的阅读。

那天，志愿者将小书屋运送到了村卫生室门外，正在输液的一名女青年听到志愿者的吆喝声，就对她的男朋友说："输液怪无聊的，你去书屋要本书来我看看。"她的男朋友根据她平时读书的喜好，跑到小书屋前，对志愿者说："给我女朋友找一本婚恋方面的图书看看，可好？"志愿者翻遍了小书屋也没有找到这类书，就跟那个男孩说："您稍等，我去其他小书屋给您找。"

那位志愿者从其他小书屋找来一本婚恋方面的图书亲手捧到了那个女孩面前，无意间听到女孩说，去年她和男朋友外出到一个景点旅游时，在景点发现了一家复古建筑的图书馆，穿上古装坐在里边读书，就仿佛穿越到了古代私塾学堂和科举考试的考场。

于是，我们和村两委又给群众复制了一间复古小书屋。

复古小书屋开门的那天晚上，志愿管理者被前来阅读书报的群众挤到了角落里。

经过一段时间的运作，我们和村两委一班人又赋予了小书屋新的功能。

那时，我们感觉到，单纯地方便本村群众阅读，我们的眼光也太狭隘了，联合附近学校及其他村里的文艺、文学爱好者，将小书屋改造成集教学、展示、研讨、阅读、写作等功能于一体的综合性文化场馆将是非常完美的。

基于这一认识，我们对小书屋的图书、报刊进行编码贴条，所有信息录入电脑，凡来此阅读、写作、研讨、教学、展示者，一律发放借阅证，人们凭借阅证进入书屋，借阅书报均须扫码登记。

人气爆棚，管理难度就增大了。于是，我们和村两委商量了一下，每周一至周五，由村两委干部、志愿者、社会力量进行管理，周末或节假日、寒暑假则由附近几所学校的学生志愿者管理。管理模式优化后，小书屋呈现出天天能开放、天天有人管理的崭新格局。

制度是执行的保障。随着看书人的增多，管理难度的加大，我们和村两委的负责同志，在广泛征求村两委干部、志愿者、社会人士意见的基础上，制定了《小书屋管理细则》《小书屋阅读规章》《小书屋书报借阅登记制度》等制度，从根本上规范了小书屋的日常管理，使得小书屋书报的保管、借阅等有章可循、有迹可循。

村干部、志愿者、社会力量"三条腿"走路的管理模式，虽然有亮点，但也有不足。比如，村干部和志愿者管理小书屋的经验不足，就是亟须改进的问题。以区新华书店为主力的社会力量，有新华书店管理的经验，可是他们也缺乏小书屋的管理经验。针对这一现实，我们和村两委的同志走进了区文旅局，聘请有关专家，对小书屋的管理者进行了严格的培训，使其持证上岗，从而提升了管理者的服务质量。

管理提升了档次，服务质量提高了许多，读书活动也需要提档升级。思考过后，我们开展了如下几项读书活动。

　　我们联合区新华书店，由区新华书店出面联络，利用周末和节假日，在保证安全的前提下，组织驻城学校的部分学生来到这里，和该村附近几所学校的学生开展"城乡学生手拉手，共读书报一上午"的公益阅读活动。这样的活动，增强了城乡学生的情感交流和友谊。比如，城里某学校的学生在老师的倡议下，捐出了自己珍藏的少儿书，赠送给了该村附近几所学校的学生。

　　扫黄打非办公室的同志也走进了村里的小书屋，举办了扫黄打非主题宣传活动。

　　附近村里的文艺、文学爱好者在我们的感召下，也经常来到小书屋切磋技艺、取长补短。难得他们有这份热情，我利用市作协会员的身份，聘请了一些知名文艺家、作家来此给他们指点迷津。因为很是受益，文艺、文学爱好者拉着我的手说："不创作出歌颂新时代的作品来，我们就辜负了您的心血。"

　　附近几所学校上国学课，语文老师常常组织学生来到这座复古书屋学习。

　　城里学校组织的"读书夏令营"，也常常在此安营扎寨。

　　春天，新枝发芽，正是阅读的大好时光，"乡村春天阅读季"便应运而生。

　　"记忆乡愁"是一个永恒不变的主题，秋收过后，文艺、文学爱好者发起的全民阅读活动也时常开展。

　　由此可见，"阅"来越好，是这个村小书屋的真实写照。

第二节 小讲台，作用大

我们镇政府有一个集市，地理位置非常特殊，周围 3 个行政村呈 "品"字状将这个集市包围在中间。

集市已经存在好多年了，3 个行政村的村民大多来此贩卖青菜或做点小本生意养家糊口。年龄大点的村民，常常在这集市的羊肉汤摊位前一坐，来碗羊肉汤，再来几杯散酒，边吃边喝边吹牛。

一开始，这些村民还只是在扯闲篇时聊些家长里短，东家长李家短，有时候还显摆显摆自己的酒量。后来，"腔调"就变了。一些 "小道消息"从这里散播到了外村，甚至更远的外地。再到后来，一些假消息、负能量的消息也从这里冒了出来，一传十、十传百，便引来一些投机取巧、心怀鬼胎的 "网红"到此拍摄、发段子，造谣滋事，在社会上造成了很坏的影响。

对此，镇党委、政府及时出手，组织派出所、市场监管所、文化站等多部门联合执法，严厉打击，依法依规取缔，将这一逢集便散播负能量的 "发源地"清除干净了。

依法依规治理后，镇党委、政府给我们文化口的同志布置了一项紧急任务：组建宣讲队伍，深入田间地头，深入农户集市，用群众听得懂的语言、故事，说给群众听，讲给群众听，传播正能量，以此来教育群众、引导群众，使人人都成为正能量的传播者。

根据镇党委、政府的要求，我们文化口的同志迅速行动起来。

摆在我们面前的第一个任务，就是迅速组建宣讲队伍。

我们文化口的同志立即兵分三路，来到这 3 个行政村里踅摸宣讲人员。我来到其中的一个行政村，正好遇见驻村包点的老徐同志。老徐是镇科协一位快退休的老同志。看见他时，他正蹲在路边和几位长者说笑话，言谈举止中，透着和群众的亲近。群众也没拿他当外人，还时不时地拿他开涮。

我怔怔地看着老徐，心中有了主意，连忙把他拉到村两委办公室，恳求他当我们"传播正能量"的宣讲员。老徐哈哈大笑着说："说什么也得支持你的工作，用正能量武装群众的头脑。不过，我自己一个人的力量太单薄了，你还得再多找些人当宣讲员才好。"

"那我找谁？"我虚心地向他请教。

他拧开被茶水染黄的玻璃茶杯的盖子，美美地喝了一口茶水，说："人好找啊。像我这样的镇直各部门经常驻村包点的老党员、老干部，经常和群众打交道，和群众都快成一家人了，群众自然信得过我们。我们给群众传播正能量，群众自然能听到心里去。"

"还有呢？"我紧追不舍。

"村里的老党员啊。"他不紧不慢地说，"老党员觉悟很高。"

老徐这么一说，我心里有底了。镇直各部门经常驻村包点的老党员、老干部有理论，村里的老党员虽是"草根"，但他们有农村生活实践经验和故事，二者结合起来，传播的正能量一定大受群众欢迎。

我正这么想着呢，老徐拔腿就要溜。我一把拽住他："还有呢？"

"你这丫头，咋这么讹人。"我比老徐小很多，他经常叫我丫头，"那几位蹲墙根的老伙计还等着我呢。"

"你们不就是聊闲篇嘛，我的事很急。"我拽着他不放。

"嘻，你净跟我开玩笑，我们哪是聊闲篇，那几位老哥不愿给他们的儿媳接送学生，还埋怨儿媳不孝顺，我正做他们的工作呢。"老徐一脸的认真。

"我再请教你两个问题就放过你。"我嬉皮笑脸起来。

"倒水。"他拧开茶杯盖，重重地砸了一下办公室的桌子。

有戏！我心里美滋滋的，连忙给他重新泡上了茶水。

"说吧。"他一屁股坐在椅子上，又美美地呷了一口茶水。

"咱们给群众传播哪些正能量呢？"我虔诚地问他。

"千万别讲生硬的大道理，那些大道理群众听不懂，也接受不了。咱们就把乡风文明、惠民政策、卫生健康、交通安全、电信网络防诈骗、耕地保护、移风易俗、干群关系等，绕成一个个通俗易懂的小故事，让群众自己琢磨其中的道理，群众把其中的道理琢磨透了，自然就认同了这些大道理。群众认同了这些大道理，正能量就占据了群众的思想阵地，负能量的东西自然就没有了市场。"老徐扬起脖，狠狠地呷了一口茶，没想到茶水太烫，他打了一个激灵，吐出的茶水弄湿了裤子。

我低头沉思了一下，又请教老徐："村里还得搭一个小讲台啊。"

"暂时不用。"老徐冲我摆了摆手，"村子里大街小巷能讲吧，田间地头能讲吧。白天能讲吧，晚上能讲吧。只要群众三五人聚到了一起，不管他们正在干什么，把那些高深的大道理融入故事中，咱聊闲篇就把那些故事中包含的大道理聊出来了。"

不愧是经常驻村包点的老党员、老干部，老徐有丰富的农村工作经验，他的指教让我受益匪浅。是啊，由镇直各部门经常驻村包点的老党员、老干部、农村老党员组成宣讲队，提着马扎，到群众中一坐，和群众拉拉家常，聊聊心声，说笑中就烘托起了宣讲的气氛。宣讲员从小故事切入，来阐述大道理，用直白的大白话传递"好声音"，满满的正能量就会浇灌出"文明花"。

按照老徐的指点，我们迅速组建了宣讲队伍，宣讲员们真够尽心尽力的，只要有可能，或者在集市上，或者在村里的墙根处，或者在群众的家里，他们见缝插针，提着马扎和群众坐在一起，喝着茶水，嗑着瓜子，抽着烟卷，先聊家长里短，见群众进入状态了，他们就将乡风文明、惠民政策、卫生健康、交通安全、电信网络防诈骗、耕地保护、移风易俗、干群关系等群众喜闻乐见的故事讲给群众听。只要功夫深，铁杵磨成针。那段时间，只要到集市或这3个行政村看看，就会发现这些场景。

日子久了，效果显现出来了。

有两个例子可以说明问题。

其中一个行政村因新农村建设，需要搬迁群众的坟地。通过做工作，群众大都搬迁了坟地，唯有一户村民死活就是不搬迁。

其原因，说来也可笑。

这名群众有两个儿子，都特别好学，也特别争气。大儿子研究生毕业后，在上海一家证券公司工作，由于业务棒、表现好，没过几年就到该证券公司的总部工作了。大儿媳是上海某地的教师。二儿子研究生毕业后，进入了华为的一家研发机构，没过几年就成了那家研发机构的骨干。二儿媳也是当地的一名教师。

就因为这，这名群众死活不愿搬迁祖坟，说什么他家祖坟的风水好，不能破坏了祖坟的风水。

当宣讲员掏心掏肺地和他聊身边那些破除封建迷信、移风易俗的真实案例后，他半信半疑。无奈，宣讲员只好骑着电瓶车带着他去外村听真实案例的当事人讲述自己破除封建迷信，引导孩子成长成才的故事。

宣讲员精诚所至，终于打开了这名群众的心结，他高高兴兴地搬迁了祖坟。

另一个事例发生在另一个行政村。

这个行政村的支部书记的亲侄子见附近的板材企业每年要从外地采购大量的木材生产板材，便在自家的一块农田里栽植了杨树，想着等杨树长大成"树"后，可以卖给板材厂发个小财。他没有想到的是，他无形中破坏了耕田保护制度。

村支书是自己的亲叔叔，他肯定偏向自己一些。在这种思想的驱使下，他暗地里行动了。

发现自家的亲侄子带头破坏耕地保护制度，一气之下，村支书把侄子栽种的杨树苗拔掉了。

反正是自己的亲侄子，拔了就拔了。他胆敢造反，自己会收拾他的。那时候，村支书自信满满。

村支书没有想到，他粗鲁、冒失的行为，惹恼了亲侄子。性格倔强的亲侄子上门找他打闹，还跑到镇政府上访告村支书。

为此，镇政府多次协调，可亲侄子就是不认账，非让村支书以高出市场价数十倍的价格赔偿他的杨树苗。

没得到"理想"的赔偿，他不知多少次跑到集市上，祥林嫂似的"控诉"叔叔的"滔天罪行"。他的举动，在社会上造成了很坏的影响。

梁子结下了，解开却不容易。

多年过去了，亲叔侄的关系还是水火不容。

没想到，一朝之间，亲叔侄握手言和了。

功劳得记在镇政府下派的驻村包点工作人员老徐身上。

村里的宣讲员使出了浑身解数，也没能打开这亲叔侄俩的心结。无奈，我们把这一典型案例说给老徐听。老徐沉默了片刻后，说："我试试吧。"

从此以后，老徐一有时间就跑到这个行政村，不是在"侄子"家吃煎饼卷大葱，喝大叶子茶水，就是跑到村支书家，坐在沙发上跷着二郎腿，扯东到西地絮叨起来没完没了。

大道理老徐没讲一句，讲的全是这叔侄俩爱听的"大实话"。

大实话也好，大白话也罢，能让人听到心里去，能解开人的心结，就是最好的话。

老徐跑了半个月，大实话、大白话说了一火车，终于有一天上午，亲侄子提着一瓶酒，跟老徐一起到亲叔叔家坐下来喝酒聊天了……

形势喜人啊。

面对这一形势，我们有点飘飘然了。

那天，镇党委、政府的领导告诉我们，根据区委、区政府的年度工作计划，那年夏天，区政府要委派区文旅局成立"乡村文化振兴宣讲团"在各地巡回宣讲。

"我们这三个行政村的宣讲阵地是在集市上，在群众家里，在田间地头啊。"区政府组建的"乡村文化振兴宣讲团"需要将群众集中起来才能宣讲，村里没有小讲台和扩音设备，"乡村文化振兴宣讲团"的同志就没法"宣讲"。

镇党委、政府的领导没说什么，只是把通知递给了我，让我好好学习通知精神。

通知中的目的、意义、宣讲流程，我只是粗粗地看了一眼，目光紧紧盯在了宣讲团的成员构成上。

这里边，好邻居、好媳妇、好婆婆等典型人物的名字跳入了我的眼帘。是啊，我们不能老生常谈，宣讲人和宣讲内容真的需要优化。

这些典型人物现身说教，是促进乡村文化振兴的有力举措。想到这里，我乐呵呵地跑回了村里。

雷厉风行历来是我的工作风格，我和镇文化口的工作人员，联合三个行政村的村两委一班人，在村文化广场上，在村健身场地上，搭起了小演讲台。另外，我们还在那个集市的中央也搭起了一个小演讲台。

我们抢先一步，邀请"乡村文化振兴宣讲团"的同志来到了我们这里。

"乡村文化振兴宣讲团"的同志确实有水平，他们不但现身说教自己"好邻居、好媳妇、好婆婆"的做法和经验，还通过分享自己对《论语》的理解、分享好家风故事等群众喜闻乐见又接地气的形式，倡导人们通过电视、快手、抖音等平台，学习《论语》等中华优秀传统文化，自觉抵制歪风邪气，自觉传播正能量，坚定信心，听党的话，永远跟党走。

这样的小讲堂，紧紧围绕"学习教育、乡村振兴、乡风文明"这三大需求，本着"凡愿意来听讲者，一定能听得懂，能学到心里去，在实际生活中能用得到，并能用得好，以此管好自己及家人"的原则，把乡风文明建设作为乡村文化振兴的"灵魂工程"来抓。

这样的小讲台，群众欢迎吗？一个行政村的一位高姓村民，说出了群众的心声："确实是受益于小讲台，现在我们村邻居之间和和睦睦，妯娌之间相亲相爱，人人都尊老爱幼，就像一个大家庭一样和和美美。"

一组数据更能反映该行政村的真实现状。那年年底，村两委进行"好婆婆""好媳妇""好邻居""好家庭"评选，一个不到1500人的行政村，竟一下子评选出了"好婆婆""好媳妇""好邻居"430多人次，"好家庭"多达40余户。

不管从哪方面说，这都为乡村文化振兴注入了强大的动力。

有了这个小讲台，市区两级书法、美术、戏曲协会的同志，发动志愿者前来。

志愿者们站在小讲台上，拿着自己制定的课程表，对参会的群众说："父老乡亲们需要什么尽管说，我们可以'照人下菜碟'。"

志愿者幽默风趣的语言把群众逗乐了。这个说："来一幅书法吧，我想裱裱挂在儿子的婚房里。"那个说："画幅画吧，俺孙子好画画，我好让俺孙子照葫芦画瓢。"

……

志愿者们见群众的热情这么高涨，就"照单炒菜"，一边挥毫泼墨，一边讲解书法、美术的创作要领。他们担心群众听不懂，还打开手提电脑，把提前准备的课件、录制的视频、制作的课程教程演示、播放给群众看。这些引起了书法、美术爱好者极大的兴趣，他们纷纷拜师学艺。

摄影志愿者手中的"长枪短炮"把摄影爱好者吸引了过来。

"我们用手机拍的照片太难看了，丢死个人了。"有的女青年拿着手机，请教拍照技巧。

"我们用手机拍的段子也常常发在快手、抖音上，可我们不大懂拍段子的技巧，更不懂选材和剪辑，发出去的作品很少有人关注。"小青年也拿着手机来凑热闹。

对此，摄影志愿者拿着相机和手机，讲解完拍照、拍段子的技巧后，又给群众详细讲解了"风光摄影"的选材、拍摄角度的选择、后期的剪辑及制作、发布时机……

"人像拍照、摄影呢？"女青年耐不住性子了。

"生活摄影呢？"一个时常记录自己及家人日常生活点滴的小

伙子扒拉开人群挤了进来。

摄影志愿者忙得不亦乐乎，脸上流下了汗水。

戏曲志愿者见别的"摊位"那么热闹，就坐不住了，干脆从小讲台上走下来，走到观众中间，打开家伙什，给群众弹唱起了柳琴戏。

受到戏曲志愿者的感染，有的群众在台下轻轻低吟起了山东梆子、豫剧《天仙配》和《朝阳沟》等。戏曲志愿者见状，便邀请群众同台演唱山东梆子、豫剧的经典剧目，将欢乐的气氛推向了高潮。

那个集市历来是周围这三个行政村的"集散地"，得到有关部门的批准、支持后，我们又邀请那些志愿者来到集市上，站在集市中央的小讲台上"复制昨日的辉煌"。

这个"集散地"的传播效率就是高，当下一个集市开张时，从外地赶来的群众将小讲台挤了里三层、外三层。不能辜负了这么热情的群众，我们一边稳住群众，一边紧急电话联系，让已经撤到另一个乡镇的志愿者们抽调精兵强将前来"救场"。

这么红火的场面，引得市社科联的同志也风尘仆仆地赶来了。于是，社科知识普及的精美文化"大餐"便端上了小讲台。

品尝完精美的社科知识普及"大餐"，群众纷纷说："真解馋""真解渴"。

第三节　小戏台飞出欢乐的"歌"

20世纪八九十年代，在我们镇辖区内，有四个行政村就搭有深受群众喜爱的小戏台。其中两个行政村，喜欢唱"老戏"的"草根"演员多达数十人。这些草根演员对老戏表演情有独钟，根据角色分配，人人家中都有珍藏的服装道具，梅雨季节或大雪封村，草根演员队长一声令下，这些草根演员就会来到集合地点，排练节目。逢年过节的堂会或庙会，草根队长哨音一响，草根演员们立马登台表演。精湛的演技，惟妙惟肖的表演，引得四邻八乡的群众纷纷前来观看。20世纪六七十年代，另外两个行政村中表演"现代京剧"的草根演员也多达几十人，他们人人家中也有珍藏的服装、道具，梅雨季节或大雪封村，集合起来排练，盛夏季节的傍晚，春节前后，小戏台上便开演现代京剧。受诸多因素影响，那个年代文艺活动单调且极度匮乏，因此这些草根演员便成了引领文艺活动潮流的时代先锋。

日历匆匆地翻过了一页又一页，随着电视的普及，特别是快手、抖音的盛行，这四个行政村的老戏、现代京剧因老一辈草根演员的故去而销声匿迹了。然而，那四座小戏台的遗迹还在，尽管它经历了风吹雨打；这四个行政村老一辈草根演员遗留下来的"戏风"精神还在，因为群众的血液里都汩汩流淌着那份执着。

时间的脚步来到了今天，当镇党委、政府倡导各个行政村利用小戏台丰富群众的文化生活时，这四个行政村的群众率先出手了。

那些日子，我们镇政府文化口的同志格外忙碌，不得不兵分四路，驻扎在这四个行政村里，根据群众的需求，跟新生代的草根演员一起，将破落的小戏台重新垒砌，重新装点，使其焕发出新的风采。

新的小戏台耸立在群众面前了，新生代的群众是否还像他们的父辈或爷爷奶奶那样迷恋老戏或现代京剧？对此，我们走进群众中间，倾听群众的心声。

新生代草根演员有激情，也有热情，可他们的演技和演艺如何，我们心里没有底。我们聘请专业人士逐一过筛，发现了他们各自的长处和不足。经过我们的协调，专业人士对新生代草根演员进行了培训，使其演技及演艺有了很大的进步。

这年春节的庙会和堂会，这四个行政村的小戏台热闹起来了。

先说第一个行政村。

这个行政村因有演唱老戏的遗风，新生代草根演员经过紧张排练，要一展身姿和歌喉了。

就在演出前的第三个晚上，一名扮演花脸的新生代草根演员突然感觉心里没了底，便跟同伴说："平时排练还不紧张，怎么快上台了紧张了呢。"

"我也是啊，唯恐上台演砸了，这几天心里老是慌慌的。"同伴也表达了同样的担心。

一位小伙伴听他们这么一说，突然想起了什么，挤过来说："前几天我去市里路过人民广场时，从广场西北角的凉亭里传来了咿咿呀呀演唱老戏的声音，我就跑过去看了看，发现几位老伯和大妈站在凉亭里着便装边比画着边演唱，那动作、那手势太迷人了。旁边的大爷大妈有的敲小鼓、打板，有的拉京胡、弹弦子。"

"那咱们明天去邀请人家来村里跟咱们联合演出啊。"听到他们的谈话，我挤了过来。

"任姨，就怕人家不来啊。"那位通风报信的小伙子挠了挠头，"我当时就看了他们一眼，也没问人家要联系方式啊。咱们明天去邀请人家，不知道人家明天还在不在那里呢。"

"放心吧。"听他这么一说，我突然想起，有一次我去市里办事路过人民广场时，似乎也听到了那份热闹，"他们从骨子里热爱那份事业，不会不出来露一手的。"

第二天，当我带领村里几位新生代草根演员坐着公交车来到人民广场时，远远地，我们就听到了从凉亭那里传来的"锣鼓喧天"和"啊……啊……""咦……咦……"的演唱声。

我们紧跑几步站在他们面前，忐忑不安地说出了我们的来意。

领头的高个子大爷一下子站了起来，拉着我们的手说："我们有现成的道具和乐器，咱们这就走。"

"时间怪紧张了。"坐在公交车上，热心的"演员"对我们说，"救场如同救火，到了村里咱们抓紧合练。"

真的没用客套，热心的演员们只是简单地吃了点群众送来的手抓饼，便和本村的新生代草根演员合练了起来。

经过前段时间的学习和排练，村里的新生代草根演员有了一定的基础，现在加上这些有丰富舞台经验的热心老演员助阵，开演那天一定顺风顺水。看着日渐熟练的合练场景，我放下心来。

大年初二，这个村的小戏台正式开演了。

远远看去，小戏台搭起的架子前庭上，悬挂着"老戏新唱，文化惠民"的大红横幅，四周的架柱披红挂花，显得那么红火。台下看戏的群众围了里三层外三层。

大年初二，出嫁到外村或外地的媳妇要带着老公和孩子回娘家看望父母，因此这天外村或外地的群众也大多过来看热闹了。

新老结合的演出队果然没让群众失望，他们精心为群众奉上了老曲新唱的《不用花轿》《洞房里读书忙》以及改编的现代戏《朝阳沟》《红岩》，还表演了"劝赌"的喜剧小品《大嫂打大哥》等精彩剧目。这些剧目是弘扬正能量的好作品，因此，他们获得了群众的阵阵掌声。

初次演出大获成功。

这天，演出一结束，演员们走下小戏台，群众便把未来得及卸妆的演员围了起来，强烈要求再继续演出几场。

接下来的几天里，演员们根据群众需要，又登台演出了，直到农历正月初六群众要外出务工了才结束。

"明年继续啊。"送别助演队伍时，村里群众紧紧拉着助演人员的手，久久不愿放下。

另一个曾因演唱老戏而远近闻名的行政村也焕发了青春。

有两个事例很是典型。

村里一位家庭妇女酷爱吕剧，《李二嫂改嫁》是她的拿手剧目；其丈夫酷爱扬琴演奏，自然便成了妻子的伴奏者。这样看来，这两口子绝对是妇唱夫随的典范。

这两口子原本是高中同学，酷爱音乐的他们成了音乐老师的得意门生，读书期间就偷摸地恋爱了。早恋害了她，也害了他，来年高考，他们俩双双名落孙山。

不过，结婚后，他们俩根据《李二嫂改嫁》的腔调，将自身的早恋经历改写成了《高大姐早恋》，没事的时候，两口子就在自家庭院里一个抚琴，一个演唱，用自身的故事教育学生一定不要早恋，一定要安心学习。

当村里的小戏台要开张时，这两口子找到我们要登台演唱。了解了他们的早恋经历后，我们又给他们配备了其他群众演员，配合他们的演出。

关于排练地点，这两口子拒绝了我们在村委办公室排练的提议，提出在他家排练，说他们家里有空调暖和，有茶水，可以润嗓。

谁也没有想到，这两口子不但排练了《高大姐早恋》，还根据群众演员中的一个真实故事，依据传统剧目《姊妹易嫁》的腔调，创作了新剧《亲姊妹嫁给亲哥俩》。

待排练得炉火纯青了，也就是大年初二那天，他们登台演出了。

因是老剧新编或老剧重编，其主题又是传播正能量，教育学生勿早恋、专心学习及破除旧俗，倡导新的婚恋观，所以其演出深受学生和青年男女的欢迎。

听着台下雷鸣般的掌声，那两口子眼含热泪，演出更卖力气了。

村里还有一位老民间艺人。这位老民间艺人酷爱观察，更爱创作，没事的时候，他就在村里或一些板材企业里转悠，将发现的好人好事、新人新事用顺口溜的形式记录下来，傍晚时分就在自家一间独立的书房里说唱。

他有这个爱好，是受他父亲的影响。

其父曾是村里有名的老戏名角。

尽管老父早已作古，可老父在小戏台上的一举一动、音容笑貌，至今还在他脑海里"翻篇"。就连老父当年的唱词，他也都能一字不落地唱出来。听说村里的小戏台春节期间要开张，他坐不住了。他根据本村一位刘姓海外游子回村定居、创业的故事，参考《四郎探母》，创作了新剧《刘大哥探母》。

村里还有一位老人，和他是邻居，受其影响，成了他的得意弟子。老哥俩经常在一起说说唱唱，由此便成了无话不谈的好友。

这天，他的得意弟子见他排练新剧《刘大哥探母》，就动了心思。

村里还有几位在外省打拼的游子，他要呼唤他们回村创业。于是，他依据这一思路，根据老戏《盼君回》的唱词和腔调，创作了新剧《这里是我的家》。

得知这一消息后，我们镇文化口的同志亲自登门拜访，了解情况，询问他们有什么困难和要求。

根据他们的要求，我们和村两委的同志给他们配备了群众演员，配备了戏装和乐器，在他俩的指导下紧张地排练。

大年初二的日子说到就到。

这天，第一位老汉身穿古戏装，扑通跪在"老娘"面前："娘啊，我回来了。"一句唱词声泪俱下，把群众的情绪带向了高潮。

……

"儿啊，这里是咱的家。你看看，咱村建设得多漂亮……"另一位老汉身穿古戏装，拉着一个年轻人的手，站在小戏台上，用手指着不远处村民的二层楼房，感慨地说唱道："老爹需要你，咱村的发展更需要你啊。"

老汉的感慨，又引来了一拨群众的欢呼声。

还有一个行政村，老人酷爱现代京剧，年轻人对此虽然没有啥印象，但他们的遗传基因里却有现代京剧的因子。

村里几位大妈现在还经常哼唱这些现代京剧的唱词。

村里几位年轻人要创作新剧《识字班》，以此教育群众学习一生、一生学习。根据剧情需要，《识字班》里要有几位老大妈扮演几个角色。角色有转换，一开始几位大妈是学习的落后分子，经过《识字班》年轻教师的教育和年轻学员的带动，后来她们竟变成了学习的积极分子。

根据这一要求，几位大妈感觉剧中的人物正是目前落后的她们，于是就强烈要求扮演这几个角色。我们镇文化口的同志、村两委一班人被她们的精神感动了，想去说服新生代的年轻演员接纳她们。可新生代的年轻演员早已说服几位年轻的姑娘扮演剧中的"老太太"，便以"影响新剧质量"，毫不留情地拒绝了我们。没想到，几位大妈不依不饶了："小姑娘演老太太，像吗？我们演老太太，像，因为我们就是老太太。"新生代的年轻演员被她们说服了，不得不更换了演员。

正式排练的日子到了，新生代的年轻演员还没来到村委办公室的排练场所呢，几位大妈就站在门口等他们了。当新生代的年轻演员姗姗来迟时，大妈们脸一沉，批评他们道："这么拖拖拉拉的，要是耽误了演出，老娘可饶不了你们。"

就这样，在这几位大妈的带动下，新剧《识字班》的排练渐入佳境。

另外几位大妈见状坐不住了，她们找到年近40岁的妇女主任，要求她带领她们排练《妇救会》。妇女主任说："《妇救会》是出老戏了，得让它有新意，人们才爱看。"

"这还不好办吗？"几位大妈说，"咱们把《妇救会》改成《妇女促进会》，说唱现在的家庭妇女不但带头学习农技知识，科学种田，还促进其他家庭妇女学习农技知识，科学种田。"妇女主任感觉她们的想法颇有新意，就高高兴兴地招募了部分家庭妇女演员，自编自导自演新剧《妇女促进会》。

那段时间，晚上群众都休息了，可这些可爱的群众演员们却趁着夜深人静，加班加点地排练。为了提高她们的演出水平，我们镇文化口的同志从市区两级有关部门聘请了专家，来到村里手把手地教她们。她们普通话水平不高，语音里总是带着浓浓的乡音，我们又请来了当地中小学的语文老师，教她们学说普通话。经过一段时间的打磨，她们终于可以上场表演了。

这些大妈和新生代的年轻演员们大年初二站在小戏台上，把《识字班》《妇女促进会》表演得达到了近乎完美的水平。

这不但让她们及新生代的年轻演员变成了真正的演员，她们及新生代的年轻演员表演的剧目，还深深地教育了群众。从此以后，村里的群众掀起了一场又一场"学科技、用科技，发展新质生产力"

的高潮。

第四个行政村的小戏台，更是走出了三步妙棋。

村里自发组织起来的"戏班子"，针对近几年来农村诸如年味变淡，邻里亲情变浅，女青年在婚恋中向男方索要高价彩礼，年轻人之间相互攀比、浪费，不良青年酗酒、赌博等陋习，参考现代京剧、吕剧、豫剧、柳琴戏、山东梆子、快板、评书、三句半等剧目，创作了几部新剧，举办了第一届"村晚"，并在大年初二的晚上在小戏台演出。由于他们是"身边人演身边事"，群众自然欢迎这一崭新的模式。于是，那晚的"村晚"人气爆棚，有的青年人还打开手机，将"村晚"的场景直播出去，在社会上引起了很大的反响。

"过去，看央视春晚觉得很热闹,现在看自己的'村晚'也很热闹,而且这样的'村晚'演唱的是我们农村真实的现实，演出的目的就是教育我们摈弃陈规陋习，向上向善向美生活，自然深受喜爱。"有的群众对着青年人直播的手机，自豪地说。

"通过感人的故事，教育群众孝老爱亲、自立自强、这些正能量的作品，群众一定喜欢；反腐倡廉，倡导厚养薄葬、喜事新办的作品，群众更喜欢，因为我们唱出了群众的心声。"一位新生代演员自豪地说。

随着"村晚"的火爆，村里的新生代演员们又把这些搬上了小戏台。于是，村里的小戏台人气越来越旺。

随着人气的旺盛，村里的一些老人和孩童也坐不住了，上至七八十岁的老人，下至七八岁的孩童也都加入了这支队伍。

人多力量大，新编的批评婚恋高价彩礼的《王小哥哭彩礼》，倡导厚养薄葬的《孝子严晓春》，批评村干部"躺平"不作为的《这路到底修不修》都被搬上了小戏台。

教育群众"关爱老人，热心公益"，引导群众依法依规"自我管理、自我服务、自我教育"，将这样的崭新剧目搬上小戏台，是村里自发组织起来的"戏班子"面临的又一崭新课题。

演员们说："这些剧目短小精悍，突出的主题却十分鲜明，其目的不仅仅是'演文化'，更在于引导、教育群众'种文化'。"

逢年过节也好，农闲时节也罢，只要群众有需求，村里自发组织起来的"戏班子"必定登上小戏台倾情演出，满足群众的需求。

"通过这样的演出，群众关系密切了，集体荣誉感增强了，干群有了认同感和归属感，我们农村的活力也迸发出来了。"那天晚上，看完村里"戏班子"的演出，我们镇文化口的同志和村两委一班人一起赶回村两委办公室的路上，村支书仰头看了看满天的星斗，突然发出了这样的感叹。

小戏台唱出了欢乐的"歌"。

第四节　小型健身广场，点亮幸福感

村里建起小型健身广场，是乡村文化振兴的重要一笔，必须浓墨重彩地描绘。之所以要下这么大力气建设这一"形象工程"，是因为它关系到群众能否获得满满的幸福感。因此，在乡村文化振兴的滚滚潮流中，小健身广场永远是勇立潮头的一员"健将"。

在我们镇，许多行政村的小健身广场建设，都值得大书特书。

我们镇政府辖区内，有一个行政村的各项工作非常落后，以至连一个"当家人"都难以推举出来，直到那年一名复员退伍军人回到了家乡。

从前，村里推举出的当家人，干不了几年就撂挑子不干了，因为谁也走不出难以带领群众脱贫致富的怪圈。这年，村里一名在部队就入了党的蔡姓小伙子退伍了。他主动放弃美好的前程，回村被推举成了村党支部书记。他赶上了精准扶贫的好政策，只用了一年的时间，就带领群众走出了难以脱贫致富的怪圈。

"经济发展了，群众的生活好了，相应的文体生活必须搞上去，只有如此，群众才能获得满满的幸福感。"那天，蔡书记跑到镇政府文化站，谈起筹建健身小广场时，他说出了自己的心声。

"村里刚刚走出难以脱贫致富的怪圈，村集体积累几乎是零，难不成你要白手起家？"我们说出了顾虑。

"就是要白手起家，人嘛，就得有一股精气神。"到底是年轻人，蔡书记一脸豪气。

出于对蔡书记的支持，我们镇文化站的同志全体出动，跟着蔡书记来到了村里。

地址好选，将村两委办公室右侧的一片空闲地"变废为宝"。蔡书记目测了一下说："得有五百平方米。我们村子小，把它建成健身小广场，足矣。"

"资金如何解决？"这可是我们最担心的问题。

"我发动我的战友给我们捐款。"蔡书记知道群众刚刚拔出贫穷的泥潭，日子还不富裕，他必须向他的战友们求援。这样说着，他打开手机，点开微信"战友友谊群"，把自己决心在村里建设健身小广场的想法发出去，向亲密的战友发出了捐款请求。多年的战友，友谊之树是郁郁葱葱的。收到他的"申请"，战友们纷纷向他伸出了赞助之手。你捐500元，我捐1000元……战友们慷慨解囊，一上午的时间，蔡书记就筹集了7万多元的建设资金。

为乡村文化振兴出钱出力是我们义不容辞的责任，我带头捐出了2000元，文化站跟我前来的同志不甘落后，纷纷通过微信捐出了自己的"责任"。算了一下，我们文化站的同志，捐给该村9000元建设小健身广场。

资金的问题解决了，蔡书记组织村两委一班人，迅速购买了水泥、黄沙等建筑材料和健身器材等。正准备大干一场时，空闲地坑坑洼洼，砖头瓦块堆积如山的难题又摆在了蔡书记和村两委一班人面前。见群众自发跑来人工收拾这些"难题"进度缓慢，蔡书记连忙拨打手机，向他一个开挖掘机的同学求救。老同学二话没说，就轰轰隆隆地开来了挖掘机……就这样，你添一砖我加一瓦，3个月后，村里的小健身广场建起来了。后来，蔡书记又自掏腰包，购买了一套音响设备。在他的带动下，如今的健身小广场上，每当华灯初上，群众放下碗筷，纷纷来这里跳广场舞、做健身操……

面对这一可喜变化，那晚，在健身小广场跳完广场舞的一位大妈说："过去，俺村的群众唯一的娱乐就是打打牌、打打麻将。现在好了，有了这个健身小广场，我们可以在这里'高尚'地玩耍了。"

听着大妈的一番感慨，蔡书记立马来了情绪："明年，我们村两委准备发动群众再投资八九万元，在健身小广场周围用钢丝网拉起围墙，支起'顶天柱'，盖起八字形的彩钢瓦屋顶，让前来健身的群众冬暖夏凉。我们再购置一些音响设备和服装，聘请咱们镇文化站的领导来指导我们的健身活动。任姐，到时候，你可不能拒绝我哟。"

听着他如此豪情地描绘美好的未来，我的情绪也受到了感染："支持都来不及呢，怎么会忍心拒绝呢。"

另一个行政村的小健身广场建设，也很典型。

这个行政村的小健身广场"前身"是荒草地，荒草地的中央，有一棵村民都不知道年龄的高大银杏树。在镇政府倡导各行政村建设小型健身广场时，该村因资金不足，村两委一班人带领群众只好因陋就简，简单地拔掉荒草，平整场地，建起了一个简陋的小型健身广场。虽说有了小型健身广场，但由于场地坑坑洼洼，遇到雨雪天气，要么泥泞得难以插足，要么结成高低不平的"冰川地"，群众难以进入小广场健身。就这样，村里的小型健身广场成了摆设。

让小广场发生根本变化的正是镇政府驻村包点的老李同志。

老李来到该村驻村包点后，发现了这个问题。

一次，镇党委、政府开完例会后，老李拦住了我："你去我那个村看看，那个小健身广场得改造改造了。"

我和他来到了该村。

看罢这个所谓的小型健身广场后，我转身征求村支书的意见："你看看我们该如何改造？"

村支书长叹一口气："这小健身广场确实该改造了。"

"那还等什么？"我笑了笑。

村支书脸一红："没把这事放在心上。"

我气不打一处来："只注重经济发展，不注重文化振兴，你们早晚会吃苦头的。"

说罢，我和老李及村两委的同志，手拿米尺，围着这个小型健身广场实地勘测起来。有了具体的测量数据，我们建议村两委一班人："在这棵高大的银杏树下，我们可以建一座小型健身楼，天气不好的时候，我们让群众来室内健身。在这座小型健身楼的周围，我们可以建设篮球场、排球场、乒乓球场、台球场，用水泥、黄沙、石子硬化路面和场地，再安装上其他健身娱乐设施。"

那些日子，我放下手头所有的工作，吃住在该村，紧盯着工程的进度。

两个月过去了，这个小型健身广场脱胎换骨了。

进出小型健身广场的道路用石子、水泥、黄沙硬化了；小型健身广场的地面，也用石子、水泥、黄沙铺设得平平整整。考虑到这个行政村集体积累十分丰厚，我们和老李说服村两委一班人，在那棵高大的银杏树周围，又投资铺设了塑胶平面。群众对这棵银杏树非常有感情，过去老年人常常自带马扎，来到这棵银杏树下下棋聊天。

对此，我们和老李说服村两委一班人，在这棵高大的银杏树下因地制宜地放置了石凳、石台。考虑到老年人眼神不好，村两委一班人在健身广场内安装了十分亮眼的太阳能路灯，又在这棵高大的银杏树下安装了更加耀眼明亮的路灯。

现在群众再走进这个小型健身广场，感受跟过去截然不同了。

在篮球场里就是摔倒了，柔软的塑胶场地也绝不会让群众磕破一点皮肉；明亮的太阳能路灯，使晚上的小型健身广场灯火通明。上至七八十岁的老人，下至七八岁的孩童，傍晚时分聚集于此，要么休闲，要么娱乐，要么运动，煞是热闹。不论什么年龄段的群众，在这里都能找到自己的乐趣。

"现在整个小型健身广场太漂亮了。我们这些老太太每晚都领着孙子、孙女来这里。我们可以在这里跳跳广场舞，也可以在健身器材上锻炼锻炼。别人不敢保证，反正我是每晚都来这里的。"那晚，我拦住一位欲进健身广场的老太太，跟她老人家拉家常时，她这样对我打开了心扉。

站在这个小型健身广场边上，看着群众在广场上跳跳蹦蹦，谁又能想到，为了建设这个小型健身广场，村两委一班人带领群众在这里拆除了2个废旧的垃圾池，硬化了两条2米宽400米长的水泥路，新增健身器材19件、乒乓球台4张、篮球架2副……用于丰富群众的文体娱乐生活。

跟这个行政村相邻的一个行政村，群众对小型健身广场的喜爱程度丝毫不亚于其他行政村。

　　"自从俺村有了这个小型健身广场，俺家两个上学的孩子，每天放学后拦都拦不住，放下书包就和邻居家的小伙伴跑到这里锻炼玩耍。过去两个孩子可不这样，只要下午放学回到家里，就偷偷摸摸地玩我和他爸爸的手机。现在可好了，放学后，孩子们有了锻炼娱乐的去处，我和他爸爸再也不用藏手机了。就凭这点，说什么也得给村两委点一个大大的赞。"提起村里翻修一新的小型健身广场，一名 40 岁左右的女同志赞不绝口。

　　外人或许感受不到村里群众对这个小型健身广场的喜爱程度，但是当我们和群众一起健身娱乐时，就会真切地感受到群众内心真实的欢喜。人们站在这个小型健身广场周围的硬化路面上，将目光投向小型健身广场，一幅美好的乡村健身娱乐场景就会直扑人们的眼帘。打太极的，站立稳如泰山，动作舒缓，张弛有力；练八段锦的，动作协调，处处流淌着活力四射的魅力；跳广场舞的，伴随着欢快的音乐，步调一致，摆动的手臂似是张弛着永久的生命力……目光移动，再看那些充满活力的孩子们，他们要么排列整齐地在旋转单车上快步如飞；要么在广场上跑来跑去，你追我赶地嬉戏打闹，欢声笑语充满了整个广场。晚上是如此，周末的午后，这个小型健身广场仍然是孩子们沉迷不归的"欢乐场"，他们对它的喜爱程度绝不输鲁迅对"百草园"的喜爱。

　　这个深受群众喜爱的小型健身广场，是村两委一班人自觉践行"我为群众办实事"的有力写照。

　　当初，为了建好用好小型健身广场，我们镇政府文化站的同志和村两委一班人一起，本着"因地制宜、就地建设、布局合理、功能齐全"的原则，深入农户家中，广泛征求群众的意见。然后，我们将群众的意见归纳整理，又对这个小型健身广场进行了重新规划设计，并将工作重点放在了"完善提升"上。对此，我们和村两委一班人一起，在小型健身广场上安装了中老年、青年、儿童娱乐设施和健身器材，引导群众"爱上运动，享受健康，快乐生活"，让群众在自家门口就能强身健体，让孩子们足不出村就能玩耍、游戏。

后来，我们根据年轻人喜爱足球的实际情况，说服村两委一班人，将这个小型健身广场西扩，建起了既融合一体又相对封闭独立的足球场。

自从村里的小型健身广场"丰富发展"后，前来健身娱乐的群众越来越多，他们健身的劲头也越来越足，特别是村里的孩子们，下午放学后、周末、节假日，都会来这里转一转、玩一玩、跳一跳、弹一弹、捣一捣、投一投……就这样，这里无形中成了孩子们理想的"乐园"。就是节假日父母想带着孩子们到海边或动植物园走走玩玩，孩子们都说："不如咱们村的健身广场好玩。"

这里完善提升后，极大地丰富了孩子们的课外活动，家长对孩子们外出也放下心来。

小型健身广场上天天有人健身、娱乐，对广场的安全管理、卫生打扫、秩序维护、器材监管和维修便被我们提上了议事日程。

根据我们镇文化站的建议，村两委一班人经过选拔，在广场设置了管理员。为调动管理员的积极性，村里以"公益岗"的方式，每月给管理员 800 元的报酬。

管理员确实尽职尽责，他们身披红马甲，手握小彩旗，分工明确，各自在岗位上值守，及时劝阻不文明、不安全的行为。一旦健身器材出了故障，他们会及时排查维修。每天早晚，他们会把健身器材检查一遍，在存在安全隐患的器材上贴上"安全警示告示"，告诫群众该器材"暂停营业"，直到检修完毕再"对外开放"。

由于措施得力，自打管理员上岗以来，这个小型健身广场干干净净，秩序井然，没有发生一起安全事故。

再到后来，在我们的提议下，村两委一班人又赋予了小型健身广场新的功能。

在这里决策村里的重大事项，是小型健身广场的新功能之一。

过去，村两委想开一次村民大会，只能选择在村两委办公室举行。村两委办公室场地狭窄，灯光昏暗，群众晚饭休息时间不一，因此，每次村两委召开村民大会，缺席者都占到三分之一左右。现在好了，晚饭后群众特别乐意来此健身、娱乐，顺便对村里的重大事项举手表决，就方便多了。这不，这晚村两委把想更换村两委办公设备的提议提交给群众表决，群众经过讨论，感觉村两委的办公设备虽然老旧了，但依然能用，没有必要更换，于是就举手否决了村两委的这一提议。

虽说现在家家户户都有电视了，露天电影几乎销声匿迹，但老一代群众对露天电影记忆犹新，很有感情；年轻一代感觉露天电影是"新生事物"，也想一饱眼福。于是，村两委一班人就隔三岔五地让我们文化站的同志来这里放放露天电影。比如我们近期来到村里放映的露天电影《南征北战》《英雄儿女》《奇袭白虎团》等，就深受群众欢迎。

村里的小伙子感觉打篮球打熟练了，踢足球的也感觉技术"超常"了，就想跟其他村的篮球、足球爱好者比试比试。我们因势利导，联合村两委在该村举办了几场"村超"。谁也没有想到，我们无意间举行的篮球、足球友谊赛，竟被小伙子们冠以"村超"的名称，围观的群众还通过网络直播了现场比赛。这一下子了不得了，随着网络的传播，外地的青年观众蜂拥而至，将这个小型健身广场围了个里三层外三层，呐喊声、助威声此起彼伏，高潮迭起。比赛的紧张、热闹，绝不亚于四川乐山的百姓"村超"。

第五节 小文艺宣传队唱响时代最强音

我们镇辖区内，活跃着4支文艺队伍。其中一支队伍，是由7名民间爱好者组成的以书法、美术、剪纸为主业的队伍，他们经常在村镇老年活动室开展活动；还有一支是由一名从镇中学退休的音乐教师为组长的说唱队伍，成员仅有4人，他们经常自带乐器，活跃在集市、青年男女的婚礼现场；另外两支是由退休村干部组成的高跷队，他们常常利用春节期间的休闲时间，巡回各村给群众表演。

由于各自为战，他们在"唱响"时代最强音的征程上，难以形成合力。

鉴于此，我们镇文化站在镇党委、政府的大力支持下，并征求这4支小文艺宣传队的意见，决定将其筛选、整合成一支由26人组成的民间小文艺宣传队，并通过"政策保障、资金扶持、培训提升"等措施，为这支整合而成的民间小文艺宣传队的成长搭建平台，输送能量，推动其更专业、更高水平地发展，使其成为常年活跃在乡村百姓舞台上的主角，"唱"出群众的心声，"唱"出时代的乐章，为乡村文化振兴鼓与呼，为乡村振兴做出新贡献。

对于我们的意见，这支新的民间小文艺宣传队报以热烈的掌声。

那天，我们将这支"年轻的"队伍请到了镇政府的会议室里，将由我们文化站带头制定的《民间小文艺宣传队扶持管理暂行办法》下发给了每位成员，征求他们的意见。

读罢这份"暂行办法"，一名成员说："有了资金支持，我们可以专心地培训，提高我们的创作、排练、演出水平了。"

"是的。"我给他们鼓劲道，"镇财政收入有限，抽取出这些资金，对大家进行专项扶持，目的就是让大家成长为可与专业文艺宣传队比肩的文艺宣传队。"

"培训是提高我们专业水平的有效手段，那你们镇文化站的领导准备怎么培训我们呢？"刚当选为队长的镇中学退休音乐教师张老师站起来，心急火燎地问我。

"有两个办法。"我摆手示意张老师坐下，"我们镇文化站给大家购买了文艺宣传网络课程，门类很多，课程很丰富，大家可以根据自己的爱好、特长选择性地进行学习，这是其一。我们从市、区两级专业团队聘请了高水平的教师，实行'一对一'精准指导，手把手教大家全面提高创作、表演水平，这是其二。相信这两条措施，一定能大幅度地提高大家创作、排练、演出的水平。"

有了这些保障，大家的情绪被点燃了，会议尚未结束，大家就嘟囔起来。

"我们什么时候开始网络学习啊？"一名成员问。

"培训老师什么时间到？"另一名成员问。

……

因提前进行了沟通，新当选的队长站起来替我回答道："散会后，大家就可以回家开始网络学习了；相关的专业老师明天就来对我们进行培训。不过，大家切记要用心、用情学习、培训，待学习、培训结束后，镇文化站的同志要对我们进行考核。"

队长的回答，既有激励，也有鞭策。

网络学习、专业人士培训结束后，我们镇文化站的同志便组织大家进行了书法、美术、剪纸、高跷、广场舞、锣鼓、说唱等比赛，从中选出佼佼者，担任各个分队的队长。

在此基础上，我们又组织各分队进行了创作大赛。各分队各展身姿，各显其能，把身边的好人好事、文明风尚写成书法标语，悬挂在镇政府的会议室里，或通过美术、剪纸的形式，展示在镇政府的会议室里；把传统美德、国家政策谱曲唱赞歌，把孝老爱亲、民风和谐等编成歌词、谱上曲，在镇政府会议室里汇报说唱，或通过锣鼓、戏剧等形式演绎出来。镇文化站的同志和从市、区两级聘请的专业人士进行认真点评。

由于这些自编、自排、自演的节目来源于群众的生活，又高于群众的生活，因此得到了我们镇文化站的同志和市、区两级专业人士的高度好评。

"这些节目，一定能使党的路线、方针、政策传到千家万户，一定能'唱'出时代的最强音，让全镇父老乡亲充满幸福感和获得感。"我们给镇党委、政府的领导汇报道。

"如此看来，通过'乡音乡调'，一定能唤醒群众的文化自信。你们大胆干吧。"听罢我们的汇报，镇党委、政府的领导给予了我们充分的肯定。

没有出征前的"豪言壮语"，也没有出征前的"授旗仪式"，这支小文艺宣传队各分队的同志，挽起裤腿和衣袖，背着自己的乐器，在田间地头和街头巷尾搭起了舞台，让群众欣赏高水平的文艺节目、接受高质量的文艺熏陶。

一天，秧歌分队的同志们突然出现在了镇政府驻地的集市上。父老乡亲们被这一道亮丽的风景惊呆了，小商小贩们纷纷放下手中的秤砣，睁大眼睛紧紧盯着秧歌队成员手中挥舞的彩带；有的前来购买蔬菜的群众同样被秧歌队的风采迷住了眼睛，早已称好且付钱并装在塑料袋里的蔬菜都忘记带走，全然不顾小商小贩们"回来拿着菜啊"的招呼声，拔腿就跑，挤过去欣赏秧歌队成员摆动的大红绸缎。

"这是从哪里冒出来的，怎么还到集市上表演了呢？"有的群众张大了嘴巴，问别的群众。

"我也不知道啊。"另一名群众也是满脸的疑惑。

"你们别说话，听听秧歌队唱的是什么。"另一位群众打断他们俩的话，侧耳细听起来。

透过锣鼓声，有的群众看明白了，也听清楚了："你们看看他们的表演动作，是在说唱咱们这集市上的热闹呢。唱词是歌颂我们的幸福生活呢。"

这名群众说得没错，秧歌队的锣鼓声突然戛然而止。

随着锣鼓声的消停，秧歌队的成员"高歌"起来："我们的集市真热闹，蔬菜摊位人如潮，大棚萝卜香又甜，还有黄瓜和辣椒，香葱香菜免费送，茄子的价格真公道。家什市场东南角，爬犁铁叉质量好；成衣市场样品全，方便你我出新招……集市三天一开张，丰富了群众的小餐桌，鼓起了商贩的小钱包，大家都说党的政策好。"

……

这是秧歌队文化惠民活动的首场展演。

首场展演选在集市上，是因为这里聚集了群众。这样的表演才是真正地方便你我他。

对此，秧歌队的队长说："我们镇的秧歌表演有很长历史了，流传到今天，已经成为群众文化生活中不可或缺的一部分。摈弃糟粕，取其精华，创新'表演点'，唱出新时代的最强音，是我们秧歌队免费为群众表演的初衷。"表演结束，撤离集市时，秧歌队队长站在集市中央的一块大石头上，向群众"发表"了谢幕演说："我们下一站,会出现在大家的文化大院里,会出现在你们劳作的田野里,会出现在你们家子女婚礼的现场……"

如同队长的表态一样,以后的日子里,秧歌队经常深入乡村的文化大院、田间地头,为群众倾情演出,获得了群众的广泛好评。

柳琴戏是我们这一带的传统剧种,因为是传统剧种,所以群众对此情有独钟。

老一辈的群众对吕剧《墙头记》记忆犹新。于是,柳琴戏队的同志将新发生的兄妹3人争着赡养奶奶的故事编成了《推墙记》。柳琴戏队的同志先是学唱了吕剧《墙头记》,又排练了柳琴戏《推墙记》,待进村表演时,便将两者先后表演给群众看,通过对比的方式教育群众一定要对年迈的亲人尽孝道。

这样的对比表演,效果好吗?群众的肺腑之言是最好的回答。

一个春暖花开的日子,柳琴戏队的同志来到了一个行政村。

村两委的同志对他们说:"晚饭后我们在村民委员会大院里演出,那个时间点我们好召集群众。"

按照村两委同志的意见,柳琴戏队的同志迅速进行了准备工作,为求精益求精,他们又将两个剧目排练了一次。

华灯初上,村里的大喇叭吆喝开了:"今晚村委大院里演出《墙头记》《推墙记》,大家快来看演出啊。"

大喇叭吆喝声过后,群众陆陆续续走进了村两委大院。

演员们迅速进场,先开演了《墙头记》。

演员一谢幕,群众就给予了热烈的掌声。

群众的掌声还未停息，《推墙记》又开演了。

《推墙记》一谢幕，村里的老年群众提着马扎一离开村两委大院，就评论起来了。

"是得好好教育这些小青年，他们就知道享受，不知道孝顺爹娘。"一位老年村民胳肢窝里夹着马扎，背着双手愤愤不平地说。

另一位老年村民说："要是他们再不孝顺咱，咱就给柳琴戏队的人反映，让他们也编排编排这些小青年，狠狠地'宣传宣传'他们。"

老年人的反应如此激烈，而年轻人的反应更激烈。

"咱得提个要求，让柳琴戏队的同志在咱村多演几场《墙头记》，让有些人流流汗、红红脸。"一位40岁左右的媳妇说。

"你说谁呢？你不会说我吧？"另一位扎着马尾辫的40岁左右的媳妇嘻嘻哈哈地问她。

"说的是谁，谁知道啊。"另一位30多岁的媳妇接过了话茬。

几位媳妇挤眉弄眼地偷偷看了一眼跟在她们身后的另一位媳妇："今晚有人怕是睡不着觉了。刚才那几位大爷说，要将她的故事反映给柳琴戏队的同志，编排编排她不孝顺的故事哩。"

几位说笑的媳妇没有注意，跟在她们身后脸红脖子粗的媳妇抹了几把眼泪，放慢脚步跟她们拉开了距离。

这样的演出，真的能荡涤人的灵魂。

流行歌曲演唱分队的同志，采取了与柳琴戏队不同的演出方式，他们提出的口号是"一年四季连续演，你点单来我展板"。

这话可不是随便说的，没点真功夫，还真不敢说这"大话"。

为此，他们先到群众中间开展"问卷调查"，充分了解群众的需求。未婚男女和结婚不久的男女想听爱情歌曲，中年人想听励志歌曲，老年人则喜欢红歌。

众口难调嘛，其实也好调。

流行歌曲演唱分队的几名同志进行了简单的分工，一位从艺校毕业回村务农的女青年专攻爱情歌曲，两名中年流行歌曲爱好者专攻励志歌曲，一位老者专心排练红歌，最后一名同志压力更大，电子琴必须练习得炉火纯青，才能弹奏各种歌曲的曲谱。

经过一段时间的紧张排练和筹备，一对相亲相爱的年轻男女的婚礼上，流行歌曲演唱分队的同志免费助兴来了。

从艺校毕业回乡务农的那名女青年，将婚礼主持人推到一边，亮开歌喉，《热爱105℃的你》《甜甜的》《我爱你》《我的果汁分你一半》《纸短情长》《有何不可》《最美情侣》《我怕来者不是你》《你的眼睛像星星》《目及皆是你》等10首既表现年轻人相亲相爱，又激励年轻人相扶相携，奔向美好未来的歌曲响彻了整个婚礼大厅。

新人的父母被感动了，非要留下他们吃完喜宴再走，流行歌曲演唱分队的同志谢绝了他们的好意，跑出婚礼大厅，在街上简单地吃了个菜煎饼，就奔赴一板材厂。趁工人们午休的时间，两名中年流行歌曲爱好者为工人同志们奉献上了《破茧》《红日》《无名之辈》《彩虹的微笑》《最美的太阳》《为你而战》《不抛弃不放弃》《星辰》《加油》《阳光总在风雨后》等一系列励志歌曲。那高亢的歌声，悠扬的电子琴声，工人们的叫好声，几乎掀翻了这家板材厂的顶棚。

老年人喜欢红歌，那名专心排练红歌的演唱者，就跟大家一起到镇政府举办的敬老院或其他老年人喜欢聚集的场所，为老年人奉献上了《革命人永远是年轻》《军人本色》《小白杨》《热血颂》《大地飞歌》《南泥湾》《天之大》《人间第一情》《山丹丹花开红艳艳》等一系列红歌。嘹亮的歌声勾起了老年人满满的回忆。

我们这一带是偏远山区，道路崎岖，村居分散，自然村居住人口少。针对这一现实情况，剪纸分队的女同志就自带煎饼、咸菜、大葱和工具，跋山涉水来到这些村居一展手艺。

她们剪的窗花，主题是引导群众学习科技，发展新质生产力，或是反映群众的幸福生活……

群众喜滋滋地将这些剪纸捧回家，不是将其贴在窗户上，就是将其贴在衣柜上。

剪纸分队的女同志十分好奇地问他们："不是过年才贴窗花吗？"群众满脸的喜悦和幸福："什么过年不过年的，这么喜庆的窗花，早贴早享受，早贴早受教育。"

区政府督导检查的同志来到我们镇后，发现了我们的小文艺宣传队站在田埂上放声歌唱，唱响时代最强音的场景，好奇地问我们："你觉得这样的活动，是暂时性的，还是永久性的？"未容我们开口，群众就替我们做出了最好的回答："这是'四季歌'。"

"'四季歌'？这形式好。这是标准的政府搭台、群众唱戏啊。如此看来，你们这里已经形成了'村村唱戏村村跳舞'的乡村文化品牌了。如果将这种'村村锣鼓响家家歌声扬'的风格传承下去，与群众的文艺创作、文化培训、文化活动、赛事举办融为一体，演出贯穿全年，乡村文化振兴的美好蓝图就呈现在我们面前了。"

领导的激励是我们前行的动力。

很快，我们就将群众性的文艺创作、文化培训、文化活动、赛事举办等列入了议事日程。听罢我们的构想，小文艺宣传队的同志主动请缨："这任务交给我们吧。"

小文艺宣传队的同志不辞辛劳，一边在群众中间唱响时代最强音，一边深入乡村创造性地开展群众性的文艺创作、文化培训、文化活动、赛事举办等活动。

这样的活动开展了近3个月，效果如何？

有一天，秧歌小分队的同志对我们镇文化站的同志说："明天是周六，我们想借用镇政府的文化广场，举办秧歌大赛，参赛的群众是11个行政村的秧歌爱好者。"

"太好了。"我们大喜过望，"找评委打分，优胜者我们要表彰奖励。"

"我们已经找好评委了。"秧歌小分队的负责同志说。

秧歌大赛如期举行。

热闹的场面就不详细描述了，单是获胜者披红挂花后的话语就令我们激动万分："下一次，我们村的秧歌队还拿冠军。"

……

转眼间春节到了，小文艺宣传队的同志联合各行政村的文艺爱好者，演出了一场又一场精彩的节目。

节目有舞蹈，有男女声独唱，有唢呐、萨克斯、二胡、琵琶演奏……

这些节目短小精悍，形式活泼。

一时间，歌声、笑声、琴声、问候声，在唱响新时代最强音的旋律中，将春节的欢乐气氛推向了高潮。

第六节　思考

小书屋、小讲台、小戏台、小健身广场、小文艺宣传队，是我和我们镇文化站的同志在乡村文化振兴实践中，探索出的"十小工程建设"中的 5 个小工程。

建设这 5 个小工程的实践，引起了我们深深的思考。

对小书屋建设来说，绝不是将某行政村的村两委办公室腾出几间屋子，购买来图书、书橱、桌椅板凳等就"开门大吉"这么简单，因为这样的小书屋，充其量也就是一个"摆设"而已，对每天都在民营企业或农田里劳作的群众来说，根本没有什么吸引力。什么样的小书屋才能吸引群众的目光呢？只有"内涵"与"颜值"共"担当"，能时时处处散发浓郁的乡土气息，符合群众的口味，引导群众为建设新农村而迸发时代活力的小书屋，才会受到群众的欢迎。

小讲台是加强农村文化教育，培养群众的文化自觉性，树立群众的文化自信的重要舞台。我们不去占领这样的小讲台，在多元文化飞速发展的今天，就会有人去占领，如果负能量的东西泛滥成灾，必定侵袭我们的肌体，麻痹我们的思想，让我们在不知不觉中丧失文化自信。如何占领以小讲台为代表的文化阵地，对我们这些基层文化工作者来说，绝对是一门崭新的学问。我们认为，当下传承和创新发展乡村文化已经成为一种新时尚，因此在这块阵地，我们要用接地气的语言、接地气的故事来影响群众，进而增强群众对乡村文化传承和热爱的思想意识。在这样的小讲台上，举办破除迷信的小讲座也好，宣讲敬老爱幼的新风尚也罢，因语言是接地气的，故事是接地气的，所以一定能激发群众对乡村文化的热情，营造浓厚的乡村文化氛围，增强群众的文化自觉意识，推动乡村文化振兴。

小戏台能飞出欢乐的"歌"，这是我们在乡村文化振兴实践中建设小戏台的最深刻体会。之所以这么说，是因为乡村小戏台能唱出百姓心中的"农家戏"。这些农家戏，早已深深扎根于群众的心田，只要我们"老戏新唱"或"旧戏翻唱"，赋予农家戏新时代乡村文化元素，让群众当主角，唱出群众的心声，一定深受群众欢迎。乡风文明是乡村文化振兴的"灵魂"，所以这也是乡村小戏台上的必选节目。这些乡风文明的节目，能引导群众抛弃陈规陋俗，让群众的脑海都成为乡风文明的"富矿"。乡风乡俗也是群众祖祖辈辈传承下来的优良乡村文化，将其搬上小戏台，"乡愁"二字就会跳入群众的脑海，引发群众的强烈共鸣。

我们知道，随着乡村经济的高质量发展，群众不但对物质文明有了更高的要求，对精神文明也有了更高的要求。说得直白一点，就是群众既要求"钱袋子"越来越鼓，还要求有丰富多彩的健康文体生活，更要求乡村建设越来越美丽。因此，乡村小健身广场就成为群众强身健体、开展文体活动、丰富群众精神文化生活的重要载体，更是乡村两级干部"为民服务""为民办实事"的一个有效平台。

乡村小文艺宣传队建设，必须在党和政府的领导下进行。随着群众生产、生活方式的转变，小文艺宣传队必须服从群众的根本利益，将最好的精神食粮奉献给群众。当然，小文艺宣传队必须由具有正确的人生观和价值观、政治觉悟高、思想道德品质好、业务精湛、乐于奉献的人员构成。乡村小文艺宣传队的业务能力和水平，难以与专业团体组织相比肩，这就要求我们通过各种形式和方式，提高小文艺宣传队的道德修养和业务能力，使其迅速成长起来，更好地服务大众。虽然这样的小文艺宣传队是公益性的，但演出的服装、道具、乐器等，需要政府资助的，政府一定要资助，解决小文艺宣传队的后顾之忧。唯有如此，才能促进小文艺宣传队常葆青春，唱响时代的最强音。

第五章

道法并举，描绘乡村文化新景象

—— 乡村文化建设十小工程之二

第一节　小法治文化广场

我们镇辖区有一块"风水宝地"，周围6个村子的很多村民，一到夜晚就来此休闲娱乐。群众自发地用土石方将其改造成了文体娱乐广场，它就像一条纽带一样，将周围6个行政村的村民团结在了一起。对此，我们决定将其打造成法治文化广场。

我们决定把这块"风水宝地"分为6个模块进行建设。第一大模块是《中华人民共和国宪法》《中华人民共和国民法典》的宣传"模板"。第二大板块是同"三农"建设紧密相连的有关法律法规，比如《中华人民共和国农业法》《中华人民共和国农业技术推广法》《中华人民共和国种子法》《中华人民共和国森林法》《中华人民共和国野生动物保护法》《农业转基因生物安全管理条例》《植物检疫条例》《基本农田保护条例》《农药管理条例》《中华人民共和国森林法实施条例》《森林防火条例》《森林病虫害防治条例》《中华人民共和国野生植物保护条例》《中华人民共和国自然保护区条例》《退耕还林条例》《中华人民共和国耕地占用税暂行条例》《中华人民共和国农产品质量安全法》等。第三大板块是村民自治的有关条例、村规民约、各种理事会的章程等。第四大板块是案例展示，包括遵纪守法模范村民事迹介绍，违法乱纪警示等。第五大板块是法律法规宣传阵地，因这个广场颇有规模，我们决定在这个宣传阵地里建一个宣讲台，方便主讲人宣讲法律条文和典型案例，同时也给听众提供方便。第六大板块是法治宣传说唱阵地，附近6个行政村的文艺爱好者，可以在此说唱有关的法律条文。

区司法局请来有关专家对我们的规划方案进行了认真的审核，并提出了修改意见。

专家们的意见是：六大板块的展板要图文并茂；鉴于群众不够重视道路交通安全的实际情况，专家建议第二板块增加诸如《中华人民共和国道路交通安全法》等法律法规；第四大板块增加预防校园欺凌的内容；第五大板块要搭一个大凉棚，凉棚里要有木制排椅，方便群众落座听讲座，要将其打造成普法教育的主阵地；第六大板块应以培养本土法治文化宣传人才为主，区司法局可以提供培训、指导。

依据这个规划方案，我们和村两委一班人火速动工建设。

村两委一班人"请来"了挖掘机、推土机，购买了材料和物品，又"聘请"专业制作公司制作展板，封闭建设3个月后，一个高标准、高起点、高规格的法治文化建设小广场拔地而起。

建设期间，村支书为了方便监督施工，从家里搬来铺盖，睡在建筑工地一侧的一处凉棚里。半夜睡醒一觉，他也会爬起来看看挖掘机工作的进度，看看挖掘的根基是否符合六大板块的要求。村两委成员小高是一名高中生，也是一名复员退伍军人。那家专业制作公司制作展板时，他对村支书说："我去城里监督着点吧。这样既能保证质量，又能督促他们按时完工。"对这样的热血青年，村支书大加赞赏，亲自驾车把他送到城里，安顿好食宿，才放心地返回。

正是有村两委一班人的无私奉献，这座法治文化小广场才得以在3个月的时间里"应运而生"。

高标准、高规格、高起点的法治文化小广场建设期间，我们和村两委一班人商量，法治文化小广场6大板块中的前4大板块，得有讲解员给群众讲解、宣传才行。鉴于群众特别是老年群众文化程度不高的实际情况，讲解员的讲解要通俗易懂，讲解的内容要有鲜活的事例支撑。我们考虑来考虑去，决定在村里选拔几位青春靓丽的青年男女，经过培训后让他们担当此重任。

然而，当晚我们按照分工各自登门和群众"拉家常"时，我们都吃了闭门羹。

那几位青春靓丽的青年男女的心声引起了我们的思考：他们都在附近的企业打工，有时上白班，有时上夜班，时间不固定，也不规律。而几位女青年的心声更是引起了我们的思考：她们都老大不小了，男朋友也求婚了。她们要远嫁他乡，要为人妻、为人母，到那时候，该怎么给群众服务呢？

原本计划把讲解员队伍打造成一道青春靓丽的风景线，没想到，他们的真实心声却提醒了我们。我们把目光投向了附近6个行政村中几位退休在家的老教师身上。

见面一聊，几位老教师爽快地答应了。我们把他们送到外地去培训，培训一结束，他们就天天在村两委大院里排练。到底是教书育人的老教师，他们的排练、讲解生动有趣、事例鲜活。

终于，几位老教师迎来了"开场"的那一刻。

"尊敬的各位领导，尊敬的父老乡亲，欢迎来到我们村的法治文化广场指导工作……"

站在法治文化小广场入口处的一位老教师，那天特意把女儿给购买的一套崭新的西装穿在了身上，皮鞋擦得锃亮，斜挎在身上的红飘带显得那么红火。面对有序"进场"的领导和群众，他笑容可掬，满面春风，用他那"里边请"的特有手势，欢迎领导和群众的到来。

站在第一板块前的讲解员，恰好是一名退休的初中道法老师，当年的讲台生涯，让他练就了融会贯通的讲解风格。

"尊敬的领导和父老乡亲，宪法是国家的根本法，是治国安邦的总章程，适用于国家全体公民，是特定社会政治经济和思想文化条件综合作用的产物，集中反映各种政治力量的实际对比关系，确认革命胜利成果和现实的民主政治，规定国家的根本任务和根本制度，即社会制度、国家制度的原则和国家政权的组织以及公民的基本权利义务等内容。国家内部政治力量的对比关系的变化对宪法的发展变化起着直接作用，国际关系也对宪法发展趋势有所影响。宪法具有最高的法律效力，一切法律、行政法规、地方性法规、自治条例和单行条例、规章都不得同宪法相抵触……"站在《中华人民共和国宪法》的第一块展板前，早已将内容熟记于心的这位退休教师，开篇就严肃地"说教"起来……

案例展示板块，更是吸引了群众的目光。

"这起惨烈的车祸，发生在外省一条高速公路上，原因是附近村庄的一位村民牵引着自己饲养的几头牛违规横穿高速公路……"站在第四板块的展板前，负责讲解的那名退休老教师神情严肃，声音缓慢地利用这起车祸作引子，向群众宣传起了《中华人民共和国道路交通安全法》。

……

那晚10点，我们才"闭场"。

那天恰逢周六，进场的群众很多，据我们估算，附近6个行政村起码有2000名群众进场，但以老年、少年及儿童为主。

这也难怪，附近有几个大型民营企业，白天青壮年群众大都到这几家大型企业打工挣钱，分身乏术，这些青壮年群众"错失"了初次进场接受教育的机会。

针对这种情况，我们合理规划了法治文化小广场的活动时间安排。周末或法定节假日的白天，全场开放，举办法治讲座，举办法治文艺汇演。晚上11点前，给白天在企业打工的青壮年提供方便。在法治文化小广场上，我们安装了可移动、拆卸的电子投放设备，如群众错过了法治讲座或法治文艺汇演，我们便把白天录像的讲座内容、法治文艺汇演重新播放给群众看。

听说这里建起了高标准、高规格、高起点的法治文化小广场，我们镇一个行政村的民间说唱团慕名而来。

这个民间说唱团共有 21 人，吹拉弹唱各有分工，自打说唱团成立之日始，他们就经常深入厂矿企业、田间地头，免费给群众表演。

那天，民间说唱团的团长老张给我们递交了"承包"第六大板块项目建设的意向书。

那些日子，我们在周围这 6 个行政村里反复踅摸，也没能找到民间文艺爱好者。现在好了，这支有 21 名成员的民间说唱团不请自来，一下子解了我们的燃眉之急。

于是，我们在全镇发起了"法治文化宣传节目"征集令，到截稿日期，我们一共收集了 14 个可用的法治文化宣传节目。经过有关人士的打磨，这 14 个节目更加接地气了。经过紧张的排练，那个周日，这支民间说唱团便开演了。

也不能反复说唱这 14 个法治文化宣传节目，于是，这支民间说唱团就自编自导自演了许多短小精悍、脍炙人口又非常接地气的作品。这些"说身边人，唱身边事"的法治文化宣传作品，均来源于生活，又高于生活，所以非常受群众欢迎。

每当他们开演，周围就围满了群众。有的群众说："他们演得怎么这么像俺邻居家的事。今后俺可得注意了，别成了人家唱词里的孬典型。"有的群众就接着他的话茬说："你们家都是遵纪守法的模范，说不准哪天你们家里的事就成了节目里的唱词。"

听到群众这样评价，我特别高兴。

第五大板块更是热闹。连续几个周末，区司法局的有关专家来到这里举办了几场食品安全、消防安全、交通安全的讲座，毫不夸张地说，场场爆棚，只有最后边的几个座位没人坐。

一天下午，我路过村小学路口时，正赶上学生放学，听到一个女孩跟前来接她的爷爷说，他们班里一个男生老是欺负她……

闻听此言，我们联想到了近期外省某些学校发生的校园欺凌事件，于是我们就商量，邀请区司法局的有关领导、专家，利用周末的时间，给学生和家长开展预防校园欺凌教育。

由于我们提前发布了预告，那个周末，前来接受教育的学生及家长蜂拥而至。

……

通过这般操作，这个法治文化小广场从此就高朋满座、热闹非凡起来。

这种热闹对周围几个行政村的影响如何，有一个例子可以"爆料"。

这个例子是这样的——

一个行政村的村民，不知从哪里得到的"内部消息"，说镇政府要搬迁到他们村。于是，就有村民将自家承包农田里的青苗除掉，栽种了石榴、花椒等苗木，说什么这么做能得到一大笔补偿款。还未等到镇党委、政府和村两委依法处理这事，就有村民站出来批评那几户"听风就是雨"的村民了："走，咱们一块去法治文化小广场再学习学习，看看你们这样做对不对。"那几户村民自知理亏，死活不愿意去。这时，就有村民站在田埂上背着手，像大学教授似的给这几户村民讲解起了有关的法律条文。

在这些知法懂法守法的村民的教育下，这几户村民认识到了自己的错误，立马"改邪归正"了。

这样的例子还有很多很多。

这个名不见经传的法治文化小广场的热闹场面，引起了当地一家新闻媒体的关注，一位记者在这里采访了几天后，回去便发表了一篇该村法治文化小广场火爆场面的新闻稿，一下子引起了人们的注意。于是，前来取经者有之，前来考察者有之……

第二节　老年法治宣传小服务队

我们镇有一支由7人组成的法治宣传小服务队，经常走村串巷向群众宣传法律法规，把法治服务送到群众的心坎上，增强了群众的法治意识。

有一次，镇中学向镇政府打了一个报告，要聘请有关专家给学生举办消防安全知识讲座。考虑到这也是乡镇法治文化建设的一部分，我们文化站的同志全力配合镇法律服务所及镇中学的工作。

聘请哪位专家来学校给学生举办讲座呢？镇法律服务所的孙所长给镇中学提供了一个信息：某村有一位在市司法局工作的姓刘的老同志，他想接年迈的父母去城里居住，方便他尽孝，然而两位老人过惯了鸡鸣狗叫、炊烟袅袅的乡村生活，死活也不去城里生活，无奈，他退休后居住在老家尽孝，照顾年迈的父母。

于是，我们拜访了老刘。得知我们的来意后，老刘一口应承下来：

"放心吧，我会尽心尽力的。"

真不愧是老司法干部，那场讲座，老刘获得了满堂彩。

送老刘返回老家的路上，他和我们聊起了普法教育。他说："只有真正将法治教育和法治文化融入群众的血脉中，根植于他们的心田，落实在群众的行动中，我们依法治国的美好愿望才能实现。"

"如何做好这项工作呢？"我明显感到老刘话里有话，就问他。

"这样好不好？"老刘想了想说，"选一个带头人，组建一支法治宣传服务队，对群众进行普法教育，效果一定是事半功倍的。"

老刘的建议引起了我们镇文化站及镇法律服务所的同志的注意：聘请老刘同志担任法治宣传服务队的队长，成员由老刘挑选，毕竟他是老司法专家了，对本镇的情况又比较熟悉，由他挑头组建一支老年法治宣传服务队为群众服务，效果一定非常棒。

于是，当晚我们就拜访了老刘同志。老刘本身就有这份热情，也乐意奉献余热，就答应出任老年法治宣传服务队的首任队长，并承诺一周内选好成员，开展活动。

一周后，老刘把成员名单报给了我们。这份名单里，既有退休的中学道法老师，也有曾在附近县区工作，如今退休赋闲在老家的"老公安""老法院""老检察"，算上老刘，总共7人。老刘兴奋地说："这6位同志，我们平时就常联络，跟我都是老熟人。和他们一说组建老年法治宣传服务队的事，他们都举双手赞成，愿意发挥自己的特长，为社会做出新的贡献。"

就这样，老年法治宣传服务队成立了。

考虑到这些退休老领导的身体状况，镇党委、政府决定派镇法律服务所的孙所长和我给老领导们提供服务，保障老领导身体健康及人身安全。

老年法治宣传服务队是那年清明节前成立的。刘队长对老年法治宣传服务队的同志说："咱这里有一个风俗，清明节那天，群众都到山上祭拜逝去的亲人，焚烧一些祭祀用品，极易引发山林火灾。虽然近几年经过整治，情况有了明显好转，可仍有部分抱有侥幸心理的群众偷偷摸摸进山。这个可真儿戏不得，所以，咱第一站就去山脚下的一些行政村，开展山林防火法治宣传教育活动。"

"这项工作确实是当务之急。"一位"老公安"说，"我在山区基层派出所工作的时候，年年清明节前后我们都得昼夜在山林里巡逻，唯恐群众祭祀逝去的亲人时引发山林火灾。"

达成共识后，我和孙所长引路，跟老年法治宣传服务队的老领导们早饭后就来到了大山前的一个行政村。

跟村两委的同志碰头后，他们面露难色："这个点群众下田的下田，务工的务工，很难把群众组织起来啊。"

"昨天下午镇党委、政府办公室不就给你们打电话通知了吗？"孙所长气不打一处来，"7位老领导免费给群众进行法治宣传教育，简单吃了点早餐就过来了啊。"

"昨晚我们在村委大喇叭里下通知了，群众还是该干吗干吗啊。"村两委的同志一脸委屈。

"没事的。"刘队长笑着说，"是我们考虑得不周，没有站在群众的角度想问题。你们看这样好不好：晚饭时间我们一块挨家挨户动员群众，到村委大院里听我们唠叨唠叨，这样可好？"

村两委的同志长舒一口气："好！好！太好了！"

那天晚上，经过我们逐家逐户动员，群众陆陆续续地走进了村委大院。

具有丰富的山林防火经验和知识的那位"老公安"第一个走上了"讲台"。

"乡亲们哪，不是我这个'老公安'吓唬你们，清明节马上就要到了，气温开始升高了，空气也变得干燥了，我们到山林里祭拜逝去的亲人，别说焚烧祭祀用品，就是把一个未掐灭火的烟头丢下去，都可能引来一场山林大火，造成的损失将是无法估量的。到时候，可是要负法律责任的。""老公安"手举一本山林防火手册，动情地对群众说。

台下有的群众小声嘀咕起来。

一位群众说："没听说咱们这里谁去给逝去的亲人上坟引起山火了。"

"外县有过。外县一位村民到山林里给父母上坟，结果引起了山林大火。听说，那位村民还挨了'难看'呢。"他旁边的一名村民小声反驳他。

……

几位村民的窃窃私语，被"老公安"听到了。于是，"老公安"就给群众讲了一个他亲身经历的案例。

　　"老公安"说，他在山脚下一个乡镇当派出所所长时，清明节期间带领派出所的同志巡山，劝阻、制止群众焚烧祭祀用品。这天早晨，他们在巡山时，发现不远处有人在亲人的坟前焚烧"纸钱"，火苗已经把亲人坟上干枯的茅草点燃了，火势正向四周扩散。那位村民见状，瞬间慌了。他紧急用脚踩踏火苗，可他踩灭了火苗，一转身，火苗又死灰复燃。他吓坏了，就想拔腿开溜。幸亏他们及时赶到拦住了他，并帮助他消灭了火情。那位村民见火已熄灭，向他们千恩万谢。他们也对他进行了批评教育，并严肃处理了他。

　　那天晚上，老年法治宣传服务队的老领导用群众能听得懂的语言和鲜活的事例，声情并茂地完成了一场山林防火、灭火的法治宣传教育活动。

　　"老公安"演讲结束，还未容他走下讲台，一些群众就围住他问这问那。刘队长见状，连忙上去解围："乡亲们，有啥疑问，我们都能解答呢。"于是，乡亲们又把另外6名老领导围起来问这问那。

　　活动结束时，已经晚上快10点了。

　　告别村里的父老乡亲后，我忽然想起刘队长年迈的父母今天的生活不知是谁负责的。我心怀歉意地向刘队长道歉，没想到，刘队长说："没事的，我姐姐就在本村，今天我姐姐带着小孙子过去照顾父母呢。"

　　我和刘队长这样聊着，可能"吃"的问题触动了镇中学退休的那位道法老师，他说："咱镇的中学和小学只有一路之隔。我没退休的时候，早晨到学校上班，经常看到送学生上学的家长来不及给学生做早饭，就带着学生在学校附近的小摊子上给学生买点吃的。这些食品既不卫生，又存在安全隐患。还有，每逢上下学的时候，由于家长接送学生使用的交通工具都是小三轮，学校大门前和校外中心道路上拥挤不堪，存在很大的交通安全隐患。到了初中，孩子们的叛逆期如期而至，校园欺凌事件时有发生。这些，都是非常需要我们去化解的。"

根据这位老教师的提议，我们走进了镇中心小学。

那是周五下午，我们在学校办公楼6楼能容纳600人就座的会议室里，针对六年级学生，举办了食品安全及交通安全讲座。

提前和校长沟通时，校长给老年法治宣传服务队的老领导们解释："周五下午，学生家长来接学生，趁此机会，一块给学生及家长做个讲座。考虑到我们的会议室一次只能容纳600人，我们能否分为6个下午举办讲座？"老年法治宣传服务队的老领导异口同声地说："没问题的。"

别看年龄大了，可那位退休的道法老师却精通电脑，给办过多起食品安全案件的"老法院"制作了精美的课件，还手把手地教他使用切换器。

"老公安"自告奋勇担当交通安全讲座的主讲人，那位退休的道法老师根据"老公安"的口述，也制作了精美的课件。

由于准备充分，那天下午开讲时，"老法院""老公安"用学生和家长喜欢的语言，结合大量事例，给六年级的学生及家长举办了食品安全和交通安全讲座。

事后，有的学生家长向镇党委、政府反映：老年法治宣传服务队的服务太贴心了，他们讲解法律条文，再结合一些案例，让我们深受教育。

完成了镇中心小学的任务，老年法治宣传服务队又走进了镇中学。

那天，老年法治宣传服务队也是利用周五下午家长接送学生的时机，在镇中学体育场给全校师生举办了"法治进校园，安全伴我行"普法宣讲活动。

活动开始，刘队长大步走上主席台，问台下的学生及家长："我们天天讲法律，那么，在座的哪位能告诉我什么是法律？"

这样的开场提问，台下鸦雀无声，家长及学生都在低头沉思。见时机成熟，刘队长的情绪一下子上来了，只见他擦了擦眼睛，只瞅了一眼手中的讲稿，就将其丢在了主席台上，旋即用他那丰富的法律知识，从知法、守法、用法三个方面展开了讲解。还是"老司法"有水平，他动情地对家长和学生说："我们常说'法律面前人人平等'，可是，我们又有多少人真正理解这句话的含义呢。是的，任何人的权利都应受到法律的保护，这是法律赋予我们的权利。可是，当我们的权利受到侵犯时，我们都想到用法律去保护我们的权利了吗？"讲到这里，刘队长从"生命权""财产权"等有关法律法规内容，谆谆告诫学生及家长："我们一定要尊重他人的生命，珍爱自己的生命，坚决杜绝校园欺凌悲剧的发生。"讲到这里，刘队长拿出几幅经过处理的图片，投影到学校运动场的4块大屏幕上，接着说："这是发生在外校的真实的校园欺凌案件，给受害者的家人造成了极大的伤害。当然，欺凌者也受到了法律的惩处。这就要求我们学校、家长、社会各方共同努力，启发、引导、教育学生遵纪守法，做一名知法、懂法、守法的小公民，否则就要承担法律责任。"

刘队长演讲结束后，老年法治宣传服务队的老领导就按计划走进学生及家长中间，免费向学生及家长发放"反邪教""预防电信诈骗""消防安全""预防校园欺凌""防溺水"等内容的明白纸、宣传纸。他们边发放边向学生及家长讲解其中的要点，并谆谆教导学生："面对人生抉择，我们是走光明阳关大道，还是走泥泞崎岖小道，对这个人生答卷，我们是需要用一生的'方圆规矩'去书写的。"

这些明白纸、宣传纸，是老年法治宣传服务队的老领导用自己的退休金购买的，印刷费也是7位老领导自己掏的腰包。

说心里话，老领导的言谈举止令人动容。

那天活动结束的时候，好多学生和家长围在老年法治宣传服务队的老领导面前说："你们讲得太好了。我们都听得明明白白。到时候，你们来俺村里给群众讲讲吧。"

群众的热情感染了老年法治宣传服务队的老领导，他们都说："我们很快就去你们村了。"

正当老年法治宣传服务队的老领导盘算着什么时间到村里巡回演讲时，我们镇一家板材企业因锅炉工失误，引发了大火，给这家板材企业造成了不可估量的损失。

这天，镇板材协会的同志找到老年法治宣传服务队的老领导，恳求老领导们给板材企业的员工上一堂安全课。

老年法治宣传服务队的老领导们没想到，他们的工作开展才几天，"订单式"的服务项目就找上门来了。

"安全教育刻不容缓。"这是老年法治宣传服务队的老领导经常挂在嘴边的话。然而，全镇1100余家板材企业，仅靠他们7个人的力量，确实有点力不从心。老年法治宣传服务队的老领导经过商量，决定由镇板材协会的同志出面组织，先给同"火"的工作有关的员工举办"消防安全知识"讲座，然后再分头行动，逐一对各板材企业的员工进行"消防安全知识"培训。

那些日子，老年法治宣传服务队的老领导忙得连饭都顾不上吃，培训完了这家企业的员工，就马不停蹄地去培训另一家企业的员工。

就在老年法治宣传服务队的老领导完成这1100余家板材企业的"消防安全知识"培训后不久，另一起惨痛的事件发生了。

村里有一家环保绿色蔬菜种植基地，一名村民应邀来安装大棚的钢架结构，他不听劝告，未戴安全帽就违规上岗，结果一脚踩空，从钢架上摔了下来，造成脊椎严重受伤。

得知这一惨痛消息后，老年法治宣传服务队的老领导经过研究，决定再次进行分工，各自为战，在村两委的帮助下进村入户，利用晚上的时间对全镇各个行政村的村民进行"安全知识"培训。

以后的日子里，老年法治宣传服务队的老领导经常利用晚上的时间，用通俗易懂的语言和群众身边的事例，向群众宣传《中华人民共和国宪法》《中华人民共和国民法典》等法律法规。他们还跟群众零距离地开展"'宪'在行动，我与宪法共成长""宪法知识进村居"等一系列活动。

每当在一地结束服务后，群众都纷纷向老年法治宣传服务队的老领导伸出赞赏的大拇指。

老年法治宣传服务队的老领导的无私奉献，深深影响、教育了几位已卸任的村老年妇女主任。她们找到老年法治宣传服务队的老领导说："让我们也加入吧，我们也会成为'专家'的。到时候，我们可以发挥我们妇女的优势，和风细雨地给群众免费提供法治宣传服务啊。"

想想她们说得也很有道理，老年法治宣传服务队的老领导经过商量，就吸纳了她们。

对此，老年法治宣传服务队的老领导深知，以后肯定还会有第二批，甚至第三批、第四批新鲜血液被吸纳进来……因为，这不但是建设乡村法治文化的需要，更是建设法治强国的需要。

第三节　巾帼矛盾纠纷小调解队

一个行政村里，有一位姓孙的大娘曾担任过村妇女主任，卸任后就一直和儿子、儿媳一起生活，她每日含饴弄孙，儿子、儿媳忙着在板材企业上班，一家人其乐融融。

这年中秋节前后，儿子儿媳闹矛盾了。

孙大娘见儿子、儿媳天天都黑着脸，连话都不说，心里很不是滋味。原本她想小两口私下交流交流也就和好了，可是那天晚上，儿子、儿媳竟大半夜地大吵大闹起来。

孙大娘敲开儿子、儿媳的房门，一边安慰儿媳一边批评儿子。待儿子、儿媳气都消了，孙大娘这才向儿子、儿媳打听缘由。

原来，孙大娘的儿媳在娘家排行老二，上边还有一个姐姐。每年中秋节姊妹俩相约给父母"送节"时，所带的礼品都是一模一样的。姊妹俩说，这样显得公平，不至于引起父母误会。然而，今年中秋节有点特殊，儿媳姐姐的丈夫因做生意资金链出了问题，所以儿媳和姐姐中秋节前给父母"送节"时，儿媳就把姊妹俩的礼品全都付了款。到了父母家，儿媳仍说礼品是她和姐姐共同购买的。儿子"小心眼"，对此耿耿于怀，就和儿媳闹起了矛盾……

孙大娘将儿子拉回自己的房间，摆事实、讲道理，从手足之情，谈到邻里相望，从互助和睦，谈到人之常情。这么说吧，孙大娘拿出当年做妇女工作的看家本领，一通说服教育，将儿子训导得服服帖帖的。

从此，儿子、儿媳和好如初。

见孙大娘将矛盾纠纷这类家务事处理得这么漂亮，左邻右舍发生什么不痛快的事，也都乐意找孙大娘给调解调解。

这天，距离孙大娘家不足 20 米的两家邻居闹矛盾了。

左家马大嫂在门前的一小块空地里种了一行油菜，右家李大嫂家里有圈养的鸡。这天，李大嫂家圈养的鸡跑出来，把马大嫂种的油菜吃了几棵。就因为这，马大嫂和李大嫂闹起了矛盾，两位女同志见面就翻白眼。

　　这两家的老人坐不住了，出于对孙大娘的敬重，他们找到了孙大娘。听罢两家老人的陈述，孙大娘一拍巴掌，说："放心吧，两家孩子的事，包在我身上了。"

　　孙大娘就是孙大娘，她先把李大嫂叫到她家，说她家里今晚来客人，听说李大嫂做红烧肉很有名，就让李大嫂给弄一份香喷喷的红烧肉。李大嫂见自己能显摆显摆手艺，提起五花肉就在案板上切起肉块来。孙大娘见状，又偷偷跑到马大嫂家"编排"起了同样的故事，只不过内容换成了咸菜炒肉丝，因为马大嫂做的咸菜炒肉丝是一绝。

　　当两位大嫂在孙大娘家相遇时，顿时目瞪口呆。

　　孙大娘却两手叉腰，俨然是八路军的一位女首长。

　　两位大嫂如梦方醒，一下子吓傻了。

　　"鸡毛蒜皮的小事也闹成这样？"孙大娘厉声呵斥她们俩，"都是邻居，低头不见抬头见，你们俩知道什么叫丢人不？"

　　"听你们俩的还是听我的？"两位大嫂刚要解释，孙大娘就制止了她们俩，"不就是几棵菜吗？说吧，多少钱，我给。鸡是圈养的吧，圈养怎么还能跑出来？你要是不想圈养，就送老娘我这里来，我一一给宰了炒着吃。"

　　见孙大娘动怒了，两位大嫂连忙抬起笑脸说："我们是闹着玩的。"

　　两位大嫂担心再次挨孙大娘批评，抬腿欲跑，孙大娘一拍桌子：

"都给我站住，做红烧肉的做红烧肉，做咸菜炒肉丝的就做咸菜炒肉丝。老娘为你们累了一下午，今晚你们俩得陪老娘我喝一杯。"

两位大嫂自知理亏，连忙点头称是。

就在两位大嫂各自操刀下厨的时候，孙大娘又把两位大嫂的丈夫和孩子请到了家里。后来事情是怎样发展的，相信人们心中早已有了答案。

这天，我们随工作区的同志下乡来到了该村，无意间听说了孙大娘的故事。这引起了我极大的兴趣。

我将村支书和村民委员会主任拉到一旁说："孙大娘调解矛盾纠纷是高手。"

村支书说："她是村里的老妇女主任了，很有威望。"

村民委员会主任也说："我们都很敬重她，村两委有什么事情我们拿不准主意了，就去听听她的意见。她给我们的建议使我们很受益。"

"既然这样，我们何不让孙大娘牵头成立一个矛盾纠纷调解队，专门解开群众心里的疙瘩？"我给村两委主要负责人提了一个建议。

"这事我们还真忽略了。"村支书说，"咱们现在就去她家问问她。"

我们一行三人来到了孙大娘家。得知我们的来意，孙大娘的答复却让我们吃了一惊："这事我自己一个人干不了。现在的群众经常看新闻、玩快手、看抖音，都知法懂法的。"

孙大娘一席话惊醒了我们。是啊，新媒体时代如何调解邻里之间的矛盾纠纷，还真是一门学问。

我们虚心请教孙大娘，孙大娘给我们支招：村里这么多女性，肯定有知法懂法的年轻媳妇，肯定有能说会道、拉呱拉到人心里的家庭主妇，肯定有明事理、有格局的婆婆……只有将她们发动起来，才能组建一支真正意义上的矛盾纠纷调解队。

孙大娘说得合情合理，我们就趁机说："您老看看村子里哪些女同志能进入矛盾纠纷调解队呢。"

没想到，孙大娘摆了摆手说："我住在村子的西北角，年龄大了，又不大出门，好多小伙子、小姑娘我都不认识，更别说那些孩子了。周围的这些邻居我还熟悉，其他的我真不了解。"

"不是不支持你们的工作，我确实对情况不了解。"怕我们误会，孙大娘一再向我们解释。

"这好办。我们了解啊。人员我们选拔，您挑头。"村民委员会主任说。

她哈哈大笑起来："你们选好了人，我给当这个队长。"

村两委一班人连夜商量、讨论，按照孙大娘的选人要求，确立了人选。经过我们做工作，她们全都表态服从安排。

"良辰吉日"到了。

村两委大院里，一阵鞭炮轰鸣后，"矛盾纠纷巾帼小调解队"宣告成立了。

那天，我们根据该村的村情，跟矛盾纠纷巾帼小调解队的女同志具体商讨了调解纠纷的服务内容。孙大娘不愧是一名优秀的村干部，她老人家一针见血："咱丑话说在前头，咱们的矛盾纠纷巾帼小调解队服务是免费的，可能还会发生出力不讨好的事情。我们已经做出了选择，就要义无反顾地走下去。我们的服务内容，就是按照党的路线、方针、政策，依据法律法规、村规民约，有效化解家庭矛盾纠纷、邻里矛盾纠纷，把困扰群众的家庭之间、邻居之间的烦心事、闹心事消灭在萌芽之中。"

有了这个"大政方针"，村里的矛盾纠纷巾帼小调解队就正式上岗工作了。

上岗的第一天晚上，孙大娘将孙子、孙女安顿好后，一一将矛盾纠纷巾帼小调解队的队员叫到她家里，开了一个"秘密会议"。

会上，孙大娘是这样问每位队员的："除了左邻右舍，你们对村里的情况熟悉吗？"

一位年轻的队员说："我们两口子睁开眼吃完婆婆做好的早餐，就去板材厂上班了，除了左邻右舍，村里其他群众的情况，我还真不了解。"

其他几位队员也都表达了同样的观点。

"既然这样，那我就安排工作了。"孙大娘一点也不客气。

"利用晚上的时间，我们都出去遛遛门子，到左邻右舍串串门，说话聊天间摸摸情况，看看哪里有发生矛盾纠纷的'着火点''爆发点'。"孙大娘把从村委会计那里要来的村民居住平面图摊开，用铅笔圈了几大块方格，2人一组，每组只负责摸排一块方格的"着火点""爆发点"。大家摸排结束后，来孙大娘家汇总。

会议结束前，孙大娘一再叮嘱每位队员："这牵扯很多东西，咱们一定注意要用说话拉家常的方式摸排情况。只有摸准了情况，咱们才能做到心中有数啊。"

于是，队员们根据分工，利用晚饭后休息的时间，说说笑笑地进村入户摸排情况了。

她们"明目张胆"地征求群众对矛盾纠纷巾帼小调解队的意见、建议，热心的大妈、大婶们一边冲着茶水，一边掏心掏肺地"扯了东家扯西家"，给矛盾纠纷巾帼小调解队好多意见、建议。

谁家因鸡毛蒜皮的小事有可能要发生家庭矛盾，哪些邻居之间因一点蝇头小利或口舌是非要发生邻里纠纷，凡此种种，队员们进行了广泛而又深入的了解。

摸排期限到了，各组队员把摸排的情况一一梳理、整理后，便相约来到了孙大娘家。

孙大娘自知没什么文化，眼神又不好，她便指派了一名常年在镇法律服务所协助工作的女队员，将各组梳理、整理的材料一一登记在册，并注明轻重缓急。

接下来的工作，"该出手时就出手"了。

村里有亲弟兄俩，老死不相往来已经 15 年了，原因是父母生前一处宅基地的归属问题没有解决好。

父母生前留下的这块宅基地，原本是留给二儿子的补偿。父母之所以把这块宅基地留给二儿子，是因为父亲把二儿子过继给了一生无儿无女的哥哥。可是后来，当父母均已病故后，作为哥哥的大儿子却以亲生父母病重期间弟弟未尽孝为由，坚决不允许弟弟继承这块宅基地。为此，亲弟兄俩大打出手，镇派出所、法律服务所曾多次调解、处理过这亲弟兄俩的纠纷，但始终没能调解成功。

这的确是最难啃的硬骨头。

孙大娘对矛盾纠纷巾帼小调解队的队员们说："我先去打个样，要是失败了，你们就踏着我的肩膀上。"

这话听起来有些悲壮，但的确提气，同时也从侧面反映出了其中的难度。

第一次走进那亲弟兄俩的哥哥家，哥哥还热情地把孙大娘请到了屋内的沙发上："大婶子，你今晚怎么有空来俺家玩？"

那时孙大娘还想，既然你叫我大婶子，那我就先拿你"开刀"。

孙大娘嘴皮子都快磨破了，那位大哥总是祥林嫂似的翻来覆去说这么一句话："让他（弟弟）来找我先算算给父母尽孝的账，否则一切免谈。"

第二天晚上，孙大娘走进那位弟弟家里，弟弟也是同样的口气："先把老爹老娘留下的宅基地给我，再算给爹娘尽孝的账，否则一切免谈。"

孙大娘数次走进哥哥、弟弟家，这哥俩总是这么反复重复着各自的理由。

这两个"犟种"的突破口在哪里呢？面对这两个难缠的"对手"，孙大娘一时没了主见。

"派出所都处理不了，你能处理得了？"儿子、儿媳心疼她，就给她泼冷水。

"那也不见得。"面对儿子、儿媳的"打击"，孙大娘反而来了斗志，她同儿子、儿媳玩笑道，"老娘要是成功了，你们得请我下馆子。"

事情的发展往往出乎人们的预料。儿子、儿媳"下馆子"的许诺虽然没能实现，可那哥俩没许诺的"下馆子"却实现了。

事情的反转出现在孙大娘为那哥俩设计的一次亲情测试上。

那天傍晚，她在哥哥家听完哥哥的唠叨，回家路过弟弟家大门口时，发现弟弟家还亮着灯，她便装模作样地一脚踹开弟弟家的大门，大声疾呼，说她刚从哥哥家跑来，哥哥家没其他人，就哥哥一人在家，不知何故，哥哥瘫坐在沙发上，让弟弟快去看看。

毕竟是亲哥俩，打断骨头连着筋，听说哥哥瘫坐在沙发上，弟弟连想都没想，拔腿就跑。孙大娘见状，扑哧一声笑了："熊孩子，我还以为你不认你哥哥了呢。"

闻听此言，弟弟才知道"上了孙大娘的当了"，孙大娘也通过此事摸到了这哥俩的脉。

孙大娘就是主意多，第二天中午，她趁孙子、孙女上学的机会，在家里炒了几个小肴，将"哥哥"家的"大嫂"请到家里来边吃边聊，并把解决思路说给"大嫂"听：父母留下的宅基地就给弟弟，弟弟按当时的工价给哥哥补偿，所需医药费弟兄俩平摊。看似孙大娘是各打五十大板，实则有很大的玄机。那时农村的风俗，被过继给非亲生的人家，是有很大的心理压力的，所以把父母留下的宅基地给弟弟也算是一种补偿，更是对这个亲生儿子的认可和厚爱，哥哥理应支持。哥哥独自一人给年迈、病重的父母尽孝，确实付出了很多，弟弟虽已过继，但年迈、病重的父母毕竟是自己的亲生父母，所以弟弟理应尽孝。

对的就是对的，错的就是错的。孙大娘一碗水端平还各打五十大板的想法得到了"大嫂"的认可。照葫芦画瓢，孙大娘又用同样的招数"宴请"了"二嫂"。同样，孙大娘的调解方案也得到了"二嫂"的认可。

接下来就看看枕边风起不起作用吧。

孙大娘怎么也没想到，第二天晚上，"弟弟"就走进了孙大娘家，说是要请孙大娘"下馆子"。

"二侄子下馆子请我，我一定去。我还得把你哥嫂带上。"孙大娘这样表态。

见"弟弟"没点头也没摇头，第二天晚上孙大娘就联合矛盾纠纷巾帼小调解队的队员们将哥嫂拽到了餐馆里。

"闹累了吧？闹累了咱们就端起酒杯喝杯酒解解累。"孙大娘上来就开起了这哥俩的玩笑。

哥俩扑哧一声笑了起来。

一笑解恩仇。孙大娘的这段佳话，一时间成了美谈。

担心有"后遗症"，孙大娘和矛盾纠纷巾帼小调解队一起做证，该拆除父母留下的宅基地围栏的就拆除，孝顺父母的"工价"及医药费"拨付"到账，签字画押，防止以后翻旧账。

最难啃的硬骨头啃下来了，其他的还在话下吗？

接下来的日子里，孙大娘和矛盾纠纷巾帼小调解队的队员们又成功调解了多起群众之间的矛盾纠纷。

在农村，家庭矛盾纠纷、婚恋矛盾纠纷是众多矛盾纠纷中的"重头"。为此，孙大娘带领矛盾纠纷巾帼小调解队的队员们，先用法律法规、村规民约、家风家训等武装自己的头脑，再利用晚上的时间，发挥女性善谈家务事的特长，深入每家每户给群众谈法律法规，谈村规民约，谈家风家训，还因材施教，对症下药，及时处理了许多矛盾纠纷。

比如，本村一位姑娘和外村一个小伙子解除了婚恋关系，由于恋爱时出去游玩、下馆子吃饭、买礼物和纪念品等所需费用，都是男孩子掏的腰包，解除婚恋关系后，男孩子就想讨回部分损失。于是，二人发生了矛盾纠纷。对此，矛盾纠纷巾帼小调解队的年轻队员一边做本村姑娘的工作，一边跑到外村做小伙子的工作，用有关的法律条文调解了这一纠纷。

孙大娘想问题总是先人一步。她带领矛盾纠纷巾帼小调解队的队员们，常利用晚上的时间对已化解矛盾纠纷的当事人进行回访，以防矛盾纠纷"死灰复燃"。在各类矛盾纠纷的"着火点""爆发点"还未着火、爆发时，孙大娘和矛盾纠纷巾帼小调解队的队员们就巧妙地将其消灭在了萌芽状态。

家庭、邻里之间大事小情的矛盾纠纷从此没出村就地解决了，于是家庭和睦、邻里和谐、村里和顺、社会和美的乡村新画卷，就这样被孙大娘和矛盾纠纷巾帼小调解队的队员们徐徐展开了。

第四节　小志愿服务队

还是合村并镇时期，我们镇将 4 个比较小的行政村合而为一，成为一个比较大的行政村。俗话说，百人百姓百脾气。用此推理，4 个行政村各村也有各村的"脾气"，因此，合而为一后，新的村两委一班人很难将 4 个行政村的"脾气"捏在一起。

我和镇文化口的同志商讨了一下如何从乡村文化振兴的角度，将群众拧成一股绳，合力绘就美丽村居新画卷。同志们的意见是，现在这 4 个村的村居环境很差，满大街尘土飞扬，我们应该先发动群众，组成志愿服务队，常年坚持治理村居环境，这也是乡村文化振兴软实力建设的一部分，更是实现乡村文化振兴的突破口。

基于这种认识，我们文化口的同志兵分四路，驻扎到了 4 个村里。作为镇文化口的负责人，我需要在 4 个村来回跑动，一是可以及时给 4 个工作组的同志提出合理化建议，二是可以推动工作顺利开展。

跑到第一个工作组，同志们告诉我，这个村里有几位老年人，经常把自家门前的村内道路打扫得干干净净，顺便还会把左邻右舍门前的村内道路打扫得干干净净。

这是一个新情况。当我们和村里的负责人沟通这一发现时，负责人见怪不怪，说："噢，这些老年人没啥事，就拿着打扫卫生当乐子。"

"他们经常这么做吗？"我好生奇怪。

"得有七八年了吧。"负责人沉思了一下，抬起头来对我们说。

"那我们就把他们组织起来，成立'老年志愿服务队'，常年整治村居环境，可好？"我们和负责人商量起来。

"要不咱就试试？"负责人说。很明显，负责人勇气不足。

试试就试试。我和第一工作组的负责人目光对视了一下，当晚就和村里的负责人一起，将七八年来坚持打扫自家和左邻右舍门前村内道路卫生的老年人请到了村委办公室里，向老年人汇报了我们的意图。没想到，这几位老年人立马嚷嚷了起来。一位老年人说："村里太脏了，再不好好治理，小青年都说不上媳妇了。"

这位老年人这么一说，其他老年人也跟着嚷嚷起来。这个说："村里脏死了，有的地方脚都插不进去了。"那个说："是啊，村东那条水渠都成了臭水沟，有的人死猫烂狗都往里丢。"

见群众积极性这么高，我们便提出了成立"夕阳红志愿服务队"的倡议，倡议老年村民志愿整治村居环境。令我们更没有想到的是，第一位率先发言的老人站了起来："我姓马，你们叫我马老头就是。我当这个队长，我领着我们这些老伙计干。"难得老人家积极性这么高，我们立即答应了他的请求。会后，我们留下了马大爷。

"大爷，您老也知道咱们村的财力情况，打扫卫生的工具村里一时还买不起啊。"村里负责人向马大爷诉苦。

"我以为啥事呢，这个不用村里操心，谁家还没有铁耙扫帚扬场锨，工具我们自己带。"马大爷这么表态，我们放心了。

第二天早饭后，第一工作组的同志骑车来到这里，发现马大爷带领着几位老人已经在村里开始行动了。

虽然村子不大，但由于志愿者太少，几位老人劳累了一天，村内卫生打扫了还不到一半。

"任姐，一是人员太少，二是村里卫生常年不打扫，整理起来难度太大，所以工作进展较慢。"第一工作组的负责人和村里负责人见我进村督导工作，立马跑过来跟我说明情况。

"咱们请教请教马大爷，看看能不能再吸引部分老人加入夕阳红志愿服务队？"说到这里，我又嘱咐他们俩说，"老人年龄大了，一要注意老人的人身安全，二要注意不要累着老人。"

还未容两位负责人表态呢，马大爷看见我就跑了过来："任领导，我看你是主事的，这事我得给你说。今天上午我回家吃饭的时候，村里还有十几个老人来到我家，要求加入我们的志愿服务队，你看行不行？"

"太好了。"我一步跑上前，紧紧攥住了马大爷的手。

第二天一早，马大爷就领来了十几位肩扛工具的老年人。

此情此景，我们甚是感动，连忙将这些老人请到办公室里，给他们捧上了一杯杯热气腾腾的茶水。

经马大爷及夕阳红志愿服务队全体老人同意后，我们推举马大爷继续担任队长，同时兼任"督导"。

工作安排完毕，夕阳红志愿服务队的全体老人雄赳赳气昂昂地出发了。

看着这道亮丽的风景，谁不感动。

"犄角旮旯儿太脏了，老哥们咱都注意着点！"马大爷推着从自家带来的小推车，推着一整车垃圾往村后垃圾周转站运，扭头还叮嘱起了正在打扫卫生的老哥们。

这些老人听马大爷这么一吆喝，干劲更足了。有的老人用铁钳夹起肮脏的垃圾，有的老人用扫帚扫走路边的树叶，有的老人用箩筐将垃圾运到一起，堆成一堆，方便运输垃圾的老人运输到村后的垃圾周转站，再由镇里统一安排的垃圾运输车辆运输到镇里的垃圾处理站。

经过一段时间的治理，这个村的环境整洁了，村东那条臭水沟也干净了，乡邻们晚饭后都喜欢在干干净净的村内道路上散步了。这么说吧，经过马大爷和夕阳红志愿服务队全体老人的志愿服务，村里的"颜值"提高了一个大档次。

"千万别胡乱扔垃圾，村里干干净净的，咱们看着都舒服不是。"马大爷和夕阳红志愿服务队的全体老人经常在村里转转，监督村民的卫生行为。

志愿服务之余，马大爷和夕阳红志愿服务队的全体老人，还常常每家每户地发宣传单，宣讲卫生知识，给独居老人讲解安全知识，了解他们的生活困难，给予最大程度的帮助和关爱。

时光荏苒，夕阳红志愿服务队的老人们有的因疾病久治无效病故了，新的老人就会自觉到马大爷那里报到，加入到夕阳红志愿服务队里来，接过病故老人的扫帚，继续志愿工作。

斯人虽去，精神永存。

我们第二工作组的同志进驻该村后，将我们的意图说给村里的党小组组长听。这个党小组组长是一个小伙子，姓于。他很有激情，对我们说："我还是我们党支部的委员呢。我们党小组坚决为乡村文化振兴贡献力量。"

这么说着，小于就把我们领到了村委办公室，谈起了他的想法：一是村里一定要成立"党员志愿服务队"，充分发挥党组织的战斗堡垒作用；二是成立"青年志愿服务队"，充分调动男女青年的积极性；三是成立"老年志愿服务队"，调动老年人参与整治环境的自觉性；四是成立"壮年男性村民志愿服务队"，调动壮年男性村民整治环境的主动性。接着，小于从存档橱里找来村里的住宅平面图，对我们说："村内小广场和几处小汪塘的环境整治是难点，这个由我们党员负责；村子周围的环境整治是重点，这个由壮年男性村民志愿服务队负责；村内道路及家庭环境整治任务相对轻松，这个由老年志愿服务队负责；往村外垃圾周转站运送垃圾，这个由青年志愿服务队负责。我们各司其职，坚决打赢环境整治攻坚战。"

听罢小于的安排和分工，我们都为他点了一个大大的赞。

当天晚上，小于就召开了村民大会，宣讲了环境整治的意义，宣布了成立各个志愿服务队的决定，推举产生了各志愿服务队的负责人并布置了各自的任务。

第二天，各志愿服务队就利用空闲时间行动了。

经过一段时间的整治，该村的环境大为改观。

那天，谈起这些变化，小于向我敞开了心扉："我们这个村，自打成立了四个志愿服务队后，群众参与整治环境的积极性非常高涨，因为谁都想在干干净净的环境里生活、工作。现在，不论是外村人来这里走亲戚，还是上级领导来我们村指导工作，都感觉我们村的村容村貌变化很大，变得越来越漂亮了。"

说到这里，小于总结似的说："还是'共整共享'的办法好，人人做贡献，人人都享受。村子整洁干净了，村民的生活品质上去了，村民整治环境的积极性也高涨了。"

我们第二工作组的负责人接着跟我说："这个村子的村中央，原来有一棵老槐树，冬天寒风一吹，枯枝败叶四处飘散，存在很大的安全隐患，同时也污染了环境，因为村里的孩童经常聚集在此玩耍，老年人也经常聚集在这里抽烟聊天。对此，村里的青年志愿服务队联合壮年男性村民志愿服务队，将这棵老槐树'搬迁'到了村外一处空闲地里，还在树根周围用砖块和水泥垒砌了一个圆形的保护圈，保护圈周围还栽植了观赏性的花草，使其成了村里的一个微型景点。"

近些日子没来得及来该村看看，没想到村里的变化这么大。

面对这一变化，有的村民高兴地说："过去，村里的几处小汪塘都有漂浮的塑料袋等垃圾，现在这些垃圾都看不到了。这都是志愿服务队的功劳啊。"对此，我们第二工作组和村里的负责人这样对群众说："搞好我们的村容村貌，是为了让群众都参与到环境整治中，焕发崭新的精神风貌，展现我们的精神风采，共同建设我们美丽的村居。"

第三个村更是独辟蹊径，成立了以家庭妇女为主力的"家庭妇女志愿服务队"，让家庭妇女在建设家庭、传承家教、弘扬家风以及整治环境中合力弹唱"合奏曲"，扮演"文明家庭建设、推动乡村振兴"的主角，为社会的发展发出光和热。

一开始，该村的家庭妇女志愿服务队推举的队长是该村的原妇女主任。她主持工作一段时间后，没得到家庭妇女志愿服务队同志的认可，便更换了一位年轻的"俊媳妇"担当大任。其原因是原妇女主任工作方法不够灵活，片面地认为，反正是为了环境整治，家庭妇女志愿服务队打扫好家庭卫生，整治好家庭及村内环境就可以了，没能往"深处"想、往"高处"走。

自打那位年轻的"俊媳妇"走马上任后，形势立马发生了变化。

她带领家庭妇女志愿服务队的同志，不但继续深化家庭及村内环境整治，还发动妇女学习文化知识，提高自身修养；学习烹饪知识，提高家人的膳食质量和品位；带头学习有关的法律法规，增强自身的法律意识，及时调解家庭矛盾及纠纷。鉴于年龄偏大的家庭妇女学习能力不强的现状，她发动年轻的女同志跟年龄大的女同志结对帮扶，以新带老，手把手地教年龄偏大的女同志提高学习文化的积极性。

不久，这年的中秋节到了。由于那位"俊媳妇"队长的父母做的各种口味的月饼分外香甜，"俊媳妇"队长从父母那里"偷师学艺"后，做的各种口味的月饼就成了家里的一道美食。这年的中秋节，家里自然少不了这道美食。

这天，"俊媳妇"队长正在家里做月饼，邻居大嫂闻着香味推门而入："你做的月饼的香味都飘到俺家了，你教教俺呗。"

跟邻居大嫂品尝着月饼，一个新的想法跳入了"俊媳妇"队长的脑海：我们何不在村里举办一次美食节，让群众都展示一下各自的手艺，拿出绝活，群众相互学习，这样大家不就成为一家人了吗？

"俊媳妇"队长将这一想法告诉第三工作组的同志和村里负责人后，得到了他们的一致赞同。

经过紧张的筹备，那天在该村的主街道上，各家的"主厨人"自带家伙什，摆开了擂台。各家"主厨人"使出浑身解数，纷纷拿出了自家的绝活美食。群众相互品尝美食后，经过交流，便学到了"真本事"。

这样的活动，传递了正能量，有力地提高了家庭妇女志愿服务队的服务效率。

第四个村的志愿服务活动更有特色。

我和第四工作组的同志及该村的负责人，根据村里的实际，提出了"人人参与，精神奖励"的口号，倡导群众人人都是志愿服务队的一员，充分调动群众参与环境整治的积极性，发动群众广泛参与环境治理活动。

我们的具体操作办法是这样的：凡参加一次环境整治活动，就发给本人一张奖励卡片；月底，得到奖励卡片数量前 10 名的群众，被评为月度"环境整治先进个人"；家庭按人口平均获得奖励卡片的多少进行奖励，前 10 名的家庭获得"环境整治模范家庭"荣誉；以此类推，年终前 10 名的个人和家庭，不但得到年终"环境整治先进个人"和"环境整治模范家庭"的荣誉,还能在年终福利分配中得到翻倍的福利。

奖励卡片似乎有一道无形的魔力,将群众参与环境整治的积极性彻底调动起来了。于是,全员参与的志愿服务队就有了新的想法。

春节过后,身为该村志愿服务队队长的村党小组组长对我们第四工作组的同志说:"环境整治固然重要,但我们不能拘泥于环境整治啊。我们应该跳出环境整治的圈子,在邻里和睦、勤俭持家、诚信孝道方面开展服务。"

"好啊。"我们立马表态,"我们求之不得。"

"我们开个村民大会倡导一下。"他说得很轻松。

晚上的村民大会上,当村里负责人发出倡议后,群众反响强烈。

一段时间的志愿服务过后,该村邻里和睦、勤俭持家、诚信孝道等几项工作展现出了崭新的风貌。

后来,该村负责人感到卡片奖励过于烦琐、浪费,就订购了部分红色马甲,当天谁志愿服务,就由负责人下发马甲,登记在册,月底及年终,按个人及家庭身披红色马甲的次数和家庭人口身披红色马甲的平均次数的多少进行精神奖励和物质奖励。

从此以后,这便成了村里常年飘红的一道风景线。

第五节　乡风文明

我们镇辖区有一个山村因种植西瓜而闻名,这个人口不足700

人的小山村成了远近闻名的富裕村。

物质文明建设取得了丰硕成果，但是乡风文明却滞后于物质文明。就因为这，村里十多位大龄小伙子没有谈恋爱，这因此成了他们父母的"闹心事"。

村两委主要负责人告诉我们，他们过去虽然因种植西瓜富裕起来了，但是现在这一产业却面临着一系列危机，主要原因是群众墨守成规，没有学习先进的西瓜种植、管理技术，致使这一产业日渐落伍。

"每年大棚西瓜丰收季节来临的时候，那些西瓜商贩们都开着大货车到外村收购优质西瓜，我们村因种的不是大棚西瓜，就没有一辆大货车进村收购。群众肩扛人挑，将西瓜运送到外村求商贩们收购，可商贩们都说我们的西瓜错过了反季节，而且甜度不够，口感不好，群众无奈只好将西瓜运到附近的集市上销售。"村支书这么说。

听罢介绍，我们大吃一惊，都什么年代了，群众的思想怎么还这么落后？

我们将此疑惑说给两位负责人听，他们俩长长地叹了一口气，说他们也曾想着带领群众到大棚西瓜种植模范村参观、学习，可群众无一人响应；他们也曾想聘请农技专家来村里给群众上农技课，可群众也是无一人响应。

不过，总有解决问题的办法。

我们文化口的同志想了想，对村两委负责人说："开村民大会，解放群众的思想。"

两位负责人摆了摆手："没用的，我们试过了，群众压根不信，老是说我们的西瓜种植技术是老祖宗留下来的，这是我们种植西瓜的传统，这种传统说什么也不能丢。"

"你们就没想过，先从你们开始？"镇文化口的一位同志脱口而出。

"我们……"两位负责人瞪大了眼睛。

"就是你们。你们没听说过嘛，干部带了头，群众有劲头。"我问他们俩。

两位负责人挠了挠头皮："我们也想过，可就我们两人，也形不成规模啊。"

"星星之火，可以燎原。"我没好气地嘟囔起来，"别说群众了，连你们的思想都没解放。"

"怪不得你们村十多位大龄小伙子到现在都还没说上媳妇呢。"镇文化口的另一位同志脸色沉了下来，"小伙子自己就不急？他们的父母就不急？你们就不急？"

面对一连串的反问，两位负责人的脸唰地红了。

"落后的产业，竟误了十多位大龄小伙子的婚姻大事，这真是天下奇闻。"又一位镇文化口的同志跺了跺脚。

发牢骚没用，眼下最主要的是解决问题。

解决问题的突破口就在振兴村里的西瓜种植产业上。

外出参观学习就免了，因为附近村里那些鲜活的事例就在眼前：

"你们俩先带头。"

这样说好了，第二天，我们替他们俩聘请了镇农技站、种子站的同志来到该村，指导他们俩种植大棚西瓜。

两位负责人在镇农技站、种子站技术人员的帮助下，很快就建起了大棚。

见他们俩"上道"了，我们就做两位负责人的工作："独木难成林。晚上我们开个党员会吧。"

两位负责人却说："你们的意思我们明白，可有的党员年龄大了，思想也是不够开放。"

"精诚所至啊。"我细心地对他们俩说。

当晚，我们就在村两委会议室里召开了党员会议。没想到，党员会议上，党员同志们竟将两位负责人批评得差点下不来台。

"我们也想改变，可我们种植了大棚西瓜，那些商贩的大货车能开到我们村里来吗？你们看看，咱们村硬化的道路多窄？西瓜地周边的坑洼地大货车能开过去？"有的老党员火冒三丈，敲着桌子就站了起来。

"人家村里大棚西瓜种植基地的路都比较平整，大货车能开到田间地头，销路当然不愁了。"有的党员也站了起来，"就是那些路不好的村，人家也在村里建起了西瓜收购站，西瓜商贩们来到就把西瓜拉走了，咱们村有吗？"

还有的党员反映，由于水渠被破坏了，西瓜不能灌溉，群众都是挑水浇西瓜；西瓜"患病"了，群众都是自己拿着西瓜秧苗或不成熟的西瓜样品去镇农技站或种子站请教技术人员，而外村都设有农技站、种子站的"点"……

乡村经济振兴了，才能把乡风文明建设好。两个都好，解决大龄青年的婚姻大事，自然水到渠成。

那晚，我们根据党员同志们的意见，理顺了思路。

直通该村的道路过于狭窄，加宽需要资金，连问都不用问，村里的集体积累肯定不厚实。

镇党委、政府经多方协调，给该村的硬化道路加宽了。加宽的道路能使相对而行的两辆大货车"错峰"而过了。

党员、群众有改变现状的思想，我们就协助村两委通过"土地交换"的方式，将群众分散种植的西瓜地集中起来，并围绕西瓜地修建了"田"字形的道路。

损坏的水渠修复了，损坏的电灌站修复了。

我们又发动群众安装了滴灌设备。

群众缺乏种植大棚西瓜的技术，我们就说服镇农技站、种子站的技术人员在该村"设点"。

没有空闲的房屋，那就将村两委办公室充分利用起来。

我们协助村两委，将村两委办公室的二层小楼进行了改造。一楼的房屋及村两委大院改成了大棚西瓜收购站，给西瓜商贩们提供优质服务；二楼改为村两委办公室。

有了这些，村里的大棚西瓜很快就发展起来了。

面对收获，村两委的两位主要负责人沾沾自喜道："任姐啊，我们终于打了翻身仗,村里那十几位大龄小伙子的婚事也要解决了。"

"是吗?"我们问他们俩,"如同万里长征,我们才走出了第一步啊。"

"谁说的,我们怎么感觉同其他村相比,我们已经赶上来了呢。"村两委两位主要负责人张着嘴巴,眼睛里含着"糊涂"。

"要想让你们的大棚西瓜这一支柱产业经久不衰,你们得有自己的人才队伍,这是其一。"我们镇文化口的同志帮助他们俩分析道。

"这些日子,我们到村民家里转了转,发现群众仍是用地锅烧柴草做饭炒菜,跟其他村看齐,我们不也得改用天然气烧火做饭?冬天,群众仍用煤球炉取暖,虽然安装了空调,但都担心电费高昂,空调就成了装点门面的摆设。用煤球炉取暖,容易发生一氧化碳中毒,而用天然气取暖,既环保又安全,这是其二。村西北角那片涝洼地,群众种植小麦、玉米,梅雨季节,汪洋一片,修建排水系统,是当务之急,这是其三。我们还知道,咱们村有一位抗美援朝的烈士,我们应该时常在群众中间开展向先烈学习的活动,以此营造崇尚先烈、学习先烈的浓厚氛围,这是其四。我们在村里经常发现,几处小超市的门前有群众下象棋,我们何不在群众中间开展象棋比赛、军旗比赛等活动,以此丰富群众的精神生活,这是其五。村里环境可以说是脏乱差,我们应该整治村容村貌,让我们村旧貌换新颜,这是其六。这些都弄好了,我们再发动家庭妇女成立'红娘'队伍,给那十几位大龄小伙子牵线搭桥,他们的婚事自然而然地就能解决了,这是其七。"我们镇文化口的同志掰着手指头,给村两委两位主要负责人——叙说。

或许是被我们文化口的同志的情绪感染了，他们俩双手一拍："什么也别说了。过去我们也想改变，可就是没有思路。现在好了，有了你们的指导，我们就甩开膀子，撸起袖子加油干吧。"

他们俩这么一说，我们镇文化口的同志都哈哈大笑起来。

根据这一思路，那年4月份，我们协助村两委的同志，在村里选拔了十几位青年男女，到市里的农业学校"脱产进修"。

临行前，我们给这十几位青年男女加油鼓劲："我们村的大棚西瓜这一支柱产业未来的希望，就在你们身上了。你们责任重大，务必学成归来。"

这十几位青年男女确实没辜负全村父老的殷切期望，半年后就学成归来了。村两委在办公楼的二楼为他们准备了办公室，还订购了许多农技杂志，供他们学习。

这十几位年轻人不负众望，经常深入大棚西瓜基地给西瓜把脉问诊，解决群众栽种大棚西瓜中遇到的种种问题。

看这样还不能"解渴"，他们就经常在村委会议室举办培训班，给群众举办比如大棚西瓜病虫害的防治等知识培训。

这十几位年轻人也够主动的，一有空闲时间，要么到农技部门再次短时间地"拜师深造学习"；要么到大棚西瓜种植先进基地"偷师学艺"；担心后继无人，他们还主动吸收了几位比他们年轻且热心这一事业的小青年加入了他们的队伍。

他们的激情感染了我们，同样也感染了村两委的同志。

这天，村两委的同志主动对我们说："帮帮我们吧，联系联系燃气公司，我们也要用上天然气。"

这可不是小事，因其牵扯到管道铺设、灶具改造、用气安全等问题，燃气公司需投入一大笔资金进行建设。我们将情况给镇党委、政府进行了汇报。镇党委书记、镇长数次跑到燃气公司，甚至还同私人关系很熟的燃气公司领导开起了玩笑："不给我们搞，我们就坐在这里不走了，反正你们得好吃好喝地招待我们，不能让我们饿肚子。"燃气公司很快就派来了技术人员和施工队，经过紧张的建设，村里很快就通了天然气。

镇党委、政府的支持，给了村两委极大的动力，这年梅雨季节，我们和村两委的同志，发动党员、群众以"义务工"的形式，人工开挖了一条排水渠，又请来专业技术人员和施工队，用二级提水的方式，将排出的水抽到村后的汪塘里积蓄起来，用于大棚西瓜基地滴灌使用。

这些问题解决后，清明节前夕，我们联合村联办小学的师生和村里那位抗美援朝先烈的近属，在烈士的纪念碑前，举行了扫墓活动。因那位烈士是村里群众的骄傲和精神支柱，那天好多党员、群众也闻讯赶来参加活动。

"用实际行动致敬英雄"，是那次给烈士扫墓活动结束后，我们和村两委的同志向党员、群众及联办小学的师生发出的倡议。

谁都没有想到，持续开展这样的活动，这年夏天，用实际行动致敬英雄的倡议"开花结果"了。

这年夏天，连续下了几天的大雨，村后的汪塘水势暴涨。正是暑假，村里两个小学生趁家人不注意，偷偷来到汪塘边折芦苇玩。汪塘边的护堤是用黏土捶打而成的，大雨一停，护堤十分泥泞滑溜，其中一名学生不幸落水，另一名学生见状，撒腿就跑，一边跑一边自言自语："你别怕，我跑回家叫你爸爸来救你。"恰巧村里一位未婚大龄男青年到地里查看庄稼是否被大雨"伤害"路过该汪塘，听到那名小学生的自言自语，就一口气跑到了汪塘边。看见汪塘里漂浮着那名小学生的头发，这个男青年连想都没想，衣服也没脱，就扑通一声纵身跳进了汪塘里。外村一位俊俏的小媳妇回娘家探亲从此路过，见到这场景，一边大声呼喊"救人"，一边掏出手机，拍摄下了那名男青年勇救落水小学生的一幕。

那名小学生获救了。闻讯赶来的那名小学生的父母对那名男青年千恩万谢。那名男青年摆了摆手说："不用谢我，快把孩子送到医院检查吧。"

那名学生只是呛了几口水，生命无碍。到医院简单检查后，父母很快带着孩子就回家了。不过，那位俊俏的小媳妇一激动，将男青年救人那一幕发布在了快手上。

网络传播的速度就是快。

这天，那位小媳妇在附近一家食品加工厂上班的小姑子回家休息，就跑到她嫂子家，说："嫂子，你的快手上小伙子救学生那一幕，怪感人的。"

俊俏的小媳妇太聪明了，听出了她这位未婚小姑子的心思。没过几天，她就打听到了那小伙子的手机号和微信号，并将其发给了又到食品厂上班的小姑子。

半年后，小姑子竟将小伙子领到嫂子那里，让嫂子给把把关。

这事，一时竟成为美谈。

"向平凡英雄致敬"，我们和村两委一班人必须在村里唱响这个主旋律。于是，我们在村里举行了表彰大会，授予那位青年"见义勇为好青年"称号，并邀请他的恋人上台谈谈他们的恋爱经过，还让她给青年佩戴大红花。

这次表彰会后，我们通过做工作，将村里赋闲在家身体还很强壮的老年人组织起来，成立了"老年环境整治队"，打扫卫生，整治村里环境，使村容村貌焕然一新。

与此同时，我们还利用空闲时间，跟村两委的同志不定时地举办象棋、军棋、拔河、广场舞、器乐演奏、唱歌等文体比赛，从而极大地丰富了群众的文化娱乐生活。

不过，那些未婚大龄男青年的婚事，始终是我们的一块"心病"。

随着村里乡风文明的逐步提升，我们和村两委一班人商议，决定在村里发动群众，成立"红娘班"，通过快手、抖音等媒体，广泛宣传那些大龄未婚男青年的闪光点，"召唤"未婚女青年前来相亲。

村里一位40多岁的大嫂是个热心肠，自荐当了"红娘班"的班长，她联合十几位年轻的媳妇，将村里未婚大龄男青年的"闪光点"发布在快手、抖音上。为了让未婚女青年全面了解这些未婚大龄男青年的精神风貌，她们还利用直播的方式，跟踪直播未婚大龄男青年日常生活的点点滴滴。除此之外，她们还对村里漂亮的村容村貌、热火朝天的大棚西瓜种植进行了同步直播。

这样做的效果出奇地好，时间不久，未婚女青年主动上门，跟那些大龄未婚男青年确立了恋爱关系。更令人惊奇的是，镇中学一名未婚公办女教师慕名和该村一名大龄未婚男青年确立了恋爱关系；该村一位往巴基斯坦贩卖西瓜的大龄小伙子和巴基斯坦一位未婚女青年确立了恋爱关系。

时机成熟后，我们在镇政府礼堂为他们举行了隆重的集体婚礼。

时间过去好几年了，集体婚礼上，那些青年男女甜蜜、亲昵的场景至今还在我们的脑海里浮现。

第六节　思考

小法治文化广场、小法治宣传服务队、矛盾纠纷小调解队、小志愿服务队、乡风文明建设，是我们建设乡村文化"十小工程"的另外五个小工程。

毋庸置疑，小法治文化广场能给父老乡亲提供同他们的日常生产、生活密切关联的法律知识，使父老乡亲能受到潜移默化的法律熏陶，在不知不觉中增强了法治观念。在建设小法治文化广场的实践中，我们发现，依托小法治文化广场开展法治教育活动，法治的威严一定会深刻影响群众遵纪守法的言行，因为法治文化的引导力、感召力、渗透力已深入到父老乡亲的骨髓，流淌在了他们的血液中。

另外，小法治文化广场的持续推进建设，能使父老乡亲从骨子里产生对法治的敬畏和尊重，从而增强父老乡亲的法律素养。小法治文化广场是对父老乡亲进行法治宣传教育的主要场所，因为小法治文化广场为父老乡亲提供了现场接受法律法规教育的机会，由此能全面拓展、普及法治宣传教育。小法治文化广场，是加强法治文化阵地建设的一项创新举措，是父老乡亲喜闻乐见的法治文化学习平台，因此，小法治文化广场深受父老乡亲的欢迎也就在情理之中了。

建设小法治宣传服务队，当地党委、政府要统筹谋划，精挑细选"法律明白人"组建小法治宣传服务队。小法治宣传服务队要进村入户，到村居、学校、厂矿，加强对村居两委成员及其他单位负责人的法治教育培训，提高他们依法治村的素养，并作为他们依法履职尽责的"硬要求"。要在村居培养"法律明白人"，就近、就地依法解决矛盾、依法解决问题，通过演讲等形式，向群众推送法治案例、法律条文、法律知识等，推动普法教育向纵深发展。

矛盾纠纷小调解队，是有效解决群众之间因"鸡毛蒜皮"的小事而产生矛盾纠纷的主力军、生力军。像文中陈述的巾帼矛盾纠纷小调解队，就是有益的探索和尝试。建设矛盾纠纷小调解队，我们今后的工作方向，一是要加强对矛盾纠纷小调解队调解能力的培训，提高他们依据村情等依法依规调解矛盾、纠纷的能力，激发他们依法依规调解矛盾、纠纷的主动性、积极性和能动性。二是要在此基础上，学会运用调解技巧进行调解，能"硬"则"硬"，能"软"则"软"，迂回式、以柔克刚也是很好的调解策略。当然，调解矛盾、纠纷的程序要合法、合规、合理、合情，凡用"气势"压人的调解，尽管成功了，但一定是下一个更大风暴的"雷"。由此可见，矛盾纠纷小调解队在日常调解矛盾、纠纷的过程中，对群众进行法治教育，增强群众的法治意识，就显得尤为重要。当然，如果经常性地进行调查、摸排，将一些矛盾、纠纷消灭在萌芽状态，则是对矛盾、纠纷最好的调解。

在建设小志愿服务队的实践中，我们对此有了更深刻的体会。小志愿服务队的主力，不应局限于在职的、退休的党员干部，而应吸引父老乡亲加入到队伍中，在邻里互助、困难群体扶助中冲锋陷阵，更要本着"想群众之所想，急群众之所急"的原则，在乡村道路硬化、乡村水源保护、乡村美化绿化等工作中，精准"志愿"。对小志愿服务队的成功经验，要进行大力宣传，营造全社会开展志愿活动的浓厚氛围。

开展乡风文明建设要因村情而定，不能胡子眉毛一把抓。要找到一个"抓手"，并依据此"抓手"，全面推动乡风文明建设。文中描述的"解决农村大龄男青年的婚事"，就是一个很好的"抓手"。依据此"抓手"，我们可以将乡风文明建设的诸多任务进行细化、量化，吸引群众广泛参与到乡风文明建设中，使其成为乡风文明建设的生力军，自觉践行乡风文明建设，推动乡风文明全面开花结果。乡风文明要和乡村物质文明、精神文明、政治文明有机结合，形成长效机制，切不可搞"一阵风"式的乡风文明建设，因为如此操作的乡风文明建设，是起不到"前人栽树，后人乘凉"的效果的。

第六章

培根铸魂，振兴乡村文化

第一节 保护文化遗产，守护精神家园

提起文化遗址保护，我们镇政府辖区内有 3 个"点"可以好好说一说。

第一个"点"，是某村一名村民建立的"家庭化石博物馆"。

这位村民有两大爱好。一是特别喜欢到村两委建起的小书屋、小阅览室里看一些古化石类的书报，在家看电视时，也是爱看一些有关古化石的节目。由于其独特的爱好，妻儿经常"批"他。妻儿批得多了，他就学着那些钓鱼爱好者的样子，空闲的时候就到村前的一条大河边钓鱼，日子久了，感觉钓鱼不过瘾，就买了渔网，到河流的浅水边撒网打鱼，回家给妻儿烧鱼改善生活。这便是他的第二大爱好。

因常在河边打鱼，他发现了一些动物的古化石，还建起了家庭化石博物馆。

一场大雨过后，河水暴涨，从上游水库倾泻而下的河水汹涌而来，从水库奔涌而下的鲤鱼、鲢鱼等在波涛翻滚的河水中泛着白肚皮，附近村庄的好多村民提着渔网撒欢似的向河水里撒网。由于那些鱼大多在河水中央上下翻滚，奔流而下，所以村民捕获的极少。待河水恢复平静了，这名村民又提着渔网来到河边"捡漏"。突然，他发现浅浅的河水边似乎有一条大鱼"沉睡"于河底，就一网撒下去将其拖到了岸边的沙滩上。可令他没有想到的是，这一网罩上来的，竟是一块石头。他拾起石头，生气地欲投进河中，突然，他发现那块石头的一面有奇怪的形状。想起看过的书报和电视中古生物的化石形状，他像发现了宝贝似的将其洗刷干净，揣在了怀里。

这次爆发的洪流，将河滩上的泥沙冲走了许多，难不成其他地儿还有暴露出来的这种玩意儿？想到这里，他连渔网也没来得及收拾，就沿着河滩像探宝似的"侦察"起来。那天，他竟在这方圆不足2公里的河滩边，捡到了二十余块古生物化石。

他知道，这些东西到底是不是古生物化石，还须有关部门鉴定；如果是，必须上交国家有关部门，个人是不能收藏的。该交给哪些部门鉴定呢，这位村民"惆怅"了。

想起我们曾在他们村跟村两委一班人建设乡村文化的情景，他风尘仆仆地找到了我们。

翻看着他手里的宝贝，我们为之一振，驱车带着他来到了我们市内某大学的生命科学学院，请教了对古生物化石颇有研究的一位著名教授。

这位教授仔细地看过这些东西后，高兴地告诉我们，这是远古时期古菱齿象的牙齿化石。又看过他捡到的脊椎骨、肋骨、股骨等骨骼的化石，教授大胆预测，我们这一带，远古时期一定是一片原始森林，后来由于地壳剧烈变化，这里变成了一片汪洋，于是便留下了这些化石。教授告诉我们，他会尽快联系博物馆及其他单位的同志，来到我们这里跟我们一起探究。

后来的发现，证实了这位教授的推断，因整条河流贯穿东西，专家和教授带领这位村民，又在这条河里发现了大量乌黑粗壮且不腐烂的树干，大量远古时代的生物化石……

这一惊人的发现，令专家和教授激动不已，他们和这位村民商量，想带走一些有研究价值的化石进行深入研究，然后保存在有关单位。谁也没有想到，这位村民竟说："我想建一个家庭化石博物馆，把这些化石展示给村民看看，这样一定能提高群众保护文物的意识，待群众参观过后，我一定上交国家，保证完好无损。另外，我还想在附近一些村居转转，看看是否有其他宝贝。一旦有发现，我和我们镇文化站的领导，会立即向你们报告的。"

专家和教授把他的要求汇报给了有关部门的领导，上级有关部门破例批准了他的请求。

于是，我们便协助他建起了家庭化石博物馆，将化石展示给群众，以提高群众保护文物的意识和自觉性。

听说这位村民建起了家庭化石博物馆，附近的群众纷纷前来"看热闹"，就连几十里外的群众也驱车前来一饱眼福。这位村民便一边带大家参观他那建在庭院里的家庭化石博物馆，一边给大家讲解保护文物的意义。他还不忘初心，一有空闲，就到河边溜达，继续探寻"宝贝"。发现的宝贝，在家庭化石博物馆里短暂展示给群众参观后，他就找到我们上交有关部门研究。人家退给他的那些没有多大研究价值的化石，他便带回他的家庭化石博物馆里，永久展示给群众看。

我们怎么也没有想到，这位村民的举动，真的唤醒了一些群众保护文物的思想意识。

有一天，一位村民匆匆忙忙地拿着一些瓦块跑到了我们镇政府文化站，举着那些瓦块说，他在镇经济开发基地准备建一家高档家具厂，挖掘机挖掘厂房地基时，挖出了这些他从未见过的"锅碗瓢盆"的瓦块，想起他参观过的那村民的家庭化石博物馆，他连忙叫停了挖掘机的工作，带着这些瓦块驱车来到了镇政府文化站。

我们将这些东西上交给有关部门，专家和教授们闻风而动，来此地进行挖掘和探究，竟发现了一处古文化遗址。

我们迅速将其保护起来，在我们镇辖区内，"××文化遗址"的牌子便竖立起来了。

实际上，这只是群众中的"个案"，另外两个行政村的"村案"更值得大书特书。

第一个行政村，四周是高耸入云的大山，东西南北四座高大的山峰将其包围在中间。

因四山包围的中央地带地势平坦，顺流而下的山泉水四季不断，别说现在，就是过去，这里也是物阜民丰。

正因物阜民丰，新中国成立前很长的一段岁月，当地的土匪流寇经常来侵扰村民，隔段时间就将村民的粮食等财产洗劫一空。

为抗击土匪和流寇，当地党组织带领群众武装一边打击土匪和流寇，一边在那四座大山山腰上用石头和石片垒砌起了一圈又一圈高高的围墙，建起了山寨，收获的庄稼和饲养的家禽便及时转移到山寨里。高高的大山和帽檐似的围墙，使得这四个山寨易守难攻。尽管土匪和流寇经常来此侵扰群众，但面对这四个易守难攻的山寨，土匪和流寇也只能对着山寨高大的围墙放几枪，然后就骂咧咧地回去了。

后来，当地党组织领导的武装彻底消灭了那些土匪和流寇，群众才得以搬回老家，安享太平。

从此以后，这四个山寨便遗留了下来。

再到后来，随着风雨的侵袭和日月的流逝，这四个山寨曾经搭建的石房早已不复存在，只有建筑石基的石块裸露在外，清晰可见。一圈又一圈的石墙大部分虽遗留完好，可也有许多段倒塌了，留下了矮矮的石墙地基。扒拉开长满针刺的野生枣树，抓着树根攀岩而上，顺着山腰围墙倒塌而成的豁口爬进去，我们镇文化站的同志对着村两委的同志不禁感叹道："好一个天然屏障。""任姐，不知我们的想法对不对。"见我们感慨不已，村党支部书记和村民委员会主任告诉我们，"据老人讲，清朝时，为抗击土匪和流寇，我们村的群众就开始自发地建造山寨了。到了上个世纪的战争年代，我们当地的党组织带领当地党的武装，发动群众把山寨建设到了一个新高度，从而有力地保护了群众的生命财产安全。现在，我们想重新建设山寨，打造'红色山寨文化'，目的有两个：一是搞免费的旅游开发，教育新一代的群众要不忘过去的艰难岁月，以高昂的斗志建设我们的美丽乡村；二是方便一些学校的师生来这里开展研学活动，教育学生一定要珍惜现在的幸福和平生活，努力学习，报效祖国，建设家乡。"

建设红色山寨文化？我一下子蒙了。

我利用外出参观学习的机会和这些年来乡村文化振兴的实践，学到了也实践了许多形式的乡村文化建设，唯独没见过也没实践过红色山寨文化建设。我们镇文化站的同志为了慎重起见，将该村的红色山寨文化建设报告上报给了镇党委、政府。

很快，上级有关部门和镇党委、政府的批复意见下来了——

本着"引导人、教育人"的原则，依法依规创新性地建设公益性质的红色山寨文化阵地。

上级有关部门和镇党委、政府的批复意见，给我们指明了方向。

拿着上级有关部门和镇党委、政府的批复意见，我们走进了村里。

极个别别有目的的商人见有利可图，找到村两委的同志想大投资、大开发，搞"山贼"似的变味的"山寨文化"，被我们镇文化站的同志和村两委的同志严词拒绝了。村里群众也非常气愤，一边向外推搡戴着大金戒指的商人，一边指着他的鼻子痛骂："你想害了我们和我们的后代。"

难得群众有这么高的觉悟。

在我们的倡议下，我们和村两委的同志只是发动群众修建了几条便于群众和学生上下山寨接受教育和研学的安全道路，原山寨保持"原封不动"，目的就是让学生在见证历史变迁的前提下，接受教育，感恩党，感恩国家，感恩社会，铭记当地群众在党的领导下抗匪抗寇的艰难而又光荣的历史，努力奋斗，为建设新农村贡献自己的青春和热血。

为了方便群众了解山寨的历史，我们和村两委的同志聘请村里的几位老人进出山寨，给群众和学生讲解它的历史。

前来接受教育的群众和师生，对我们的红色山寨文化建设给予了很高的评价："你们不是复古山寨，更不是复原山寨，而是根据实际挖掘红色山寨文化，让我们从中了解山寨的历史，从老人的口中倾听过去群众在党组织的领导下，抗击土匪和流寇，保卫家乡的英雄壮举。这样的红色山寨文化是加强新时代群众思想教育和思想阵地建设的生动体现。"

群众的口碑是我们前行的动力。

另一个行政村的非遗文化建设，更是得到了群众的高度好评。

"糖葫芦，又酸又甜的糖葫芦，尝一尝、看一看，不酸不甜不要钱。"

"花儿团，大米的、玉米的，还有芝麻口味的，甜甜的、软软的，吃了就能上瘾的。"

"棉花糖，团成团，小孩吃了很解馋。"

我们镇周围的几个集市上，总会传来卖糖葫芦、花儿团、棉花糖的叫卖声，这从小喇叭里播放出的清脆叫卖声，给原本人声鼎沸、热闹非凡的集市增添了些许"响度"。

走近卖糖葫芦、花儿团、棉花糖的大爷、大妈身边，听听他们的唠叨，人们就会知道，这些叫卖糖葫芦、花儿团、棉花糖的大爷、大妈，竟全部来自我们镇政府辖区内的一个行政村。

每当大爷、大妈走村串巷叫卖糖葫芦、花儿团、棉花糖时，这些具有非物质文化遗产性质的美味食品，总会吸引来不少群众和娃儿们。别说尝尝其美味了，就是看看串成一长串的通红的糖葫芦，大如橘子、中如核桃、小如山楂、色彩鲜艳的花儿团，蓬蓬松松的棉花糖，就让人不自觉地停下脚步。年轻的小伙、姑娘一边围在大爷、大妈身边品尝着令人垂涎三尺的美味，一边拿出手机拍照留念。

"据我了解，这些属于我们市里的非物质文化遗产，我小的时候父母就经常买给我吃，味道好极了。"那个周末，附近村里的群众在集市上给自己的孩子买了一串像彩色灯笼似的花儿团，巧遇到在集市上购买蔬菜的我，面对我的疑问，他侃侃而谈起来。

是的，这个村生产糖葫芦、花儿团、棉花糖，可不是一年两年的历史了，而是有着悠久的传统历史。

问该村的老年人，他们也不知道从啥时候开始，他们村生产这些非物质文化遗产美食的，只是说从他们记事起，村里的人就几乎家家户户生产这些非物质文化遗产美食。不过那时，群众生产的这些非物质文化遗产美食很单调，以糖葫芦和花儿团为例，糖葫芦就是单纯地将山楂用竹签子穿成一串，在熬制的冰糖或白砂糖里一蘸，就制作成了糖葫芦；花儿团则采用粗糙的大米花或玉米花，撒上熬制的冰糖或白砂糖，团成团，串成串，则成了花儿团。制作完成后，人们就肩扛用稻草或麦秸捆扎在一起、中间插一木棍的工具，上面插上一支支糖葫芦叫卖四乡，那花儿团，只能放在手推车的车筐里，走村串巷叫卖。后来，人们有了自行车等交通工具，就把步行和推小推车变成了骑自行车。不过，由于人们没有在传承的基础上进行创新，致使叫卖这些非物质文化遗产美食的人收入甚少，年轻人不愿涉足，只有为数不多的老年人还在固执地坚守着这一阵地，因而这些非物质文化遗产美食面临绝迹的危险。

绝不能让这些非物质文化遗产美食在我们这一代人身上绝迹，必须在传承的基础上创新，发扬光大。

出于这样的考量，我们镇文化站的同志来到该村，联合村两委一班人带领群众反复实践，终于创新了花样。

比如，挑选优质山楂，在山楂和山楂之间加一个橘子瓣，在两个山楂之间加一个小番茄，在两个山楂之间加一个草莓，在两个山楂之间加一块梨瓣、桃瓣、香蕉块，制作成新的冰糖葫芦，投放市场后，大受欢迎。受此启发，我们又带领群众进行创新，制作了橘子瓣、小番茄、草莓、梨瓣、桃瓣、香蕉块的"冰糖葫芦"，满足群众不同口味的需求。

再比如，我们带领群众反复实践，用优良的大米花、玉米花作原料，在熬制的纯净优质冰糖里加入新鲜的菠菜、草莓、番茄汁等，将其粘成团，再撒上炒熟的优质黑芝麻或白芝麻，制作成"另类"的花儿团。没想到将其投放市场后，群众对其的喜爱程度超出了我们的想象。

现在，我们在各地走一走，就会发现这些经过创新发展的非物质文化遗产美食已是铺天盖地，不过这些非物质文化遗产美食是不是由此传播开来的，我们无从考证，但有一点是可以肯定的，在该村未进行这些非物质文化遗产美食创新前，我们真的没见过这些"另类"的非物质文化遗产美食。

对此，我们镇政府的主要领导对其进行了高度评价："这些非物质文化遗产美食，凝聚了父老乡亲的心血，是他们用心、用情创造的非遗文化的精粹，保护好、传承好、创新好这些非遗文化，一定能为我们的乡村振兴大计赋能。"

第二节　赓续红色血脉，激发创业激情

我们镇政府辖区内，有 3 个行政村的 4 名英烈名垂青史。

第一个行政村的刘老英雄，过去在某县师范讲习所学习时，就被上级党组织发展成为中共党员，走上了"为人类求解放"的革命道路。为壮大党组织的影响力，他在某县师范讲习所读书时，就成立了该县的中国共产党第一个党支部。

从师范讲习所毕业后，他来到邻县的一所村小担任教师，并将村小几名有进步思想的教师秘密发展成了中共党员。后来，我们这一带成立了"抗日先锋游击队"，刘老英雄便带领那几名党员教师投笔从戎，参加了这支抗日先锋游击队。

在抗日先锋游击队里，刘老英雄迅速成长为政委。在一次对敌

斗争中，为掩护战友安全转移，刘老英雄不幸以身殉国。

刘老英雄一生未娶，无子无女。刘老英雄牺牲后，他上学时的学习工具、教学时的教学用具，参加抗日先锋游击队牺牲后，战友们给带回家来的衣物、辅导战友学文化的墨水瓶和钢笔等遗物，由其侄子保管。后来，侄子因年迈病故后，刘老英雄的遗物和刘老英雄出生、居住的房屋，就由其孙子保管、照料。

第二个行政村的亲哥俩，解放战争时期就报名参加了中国人民解放军，参加了著名的渡江战役。朝鲜战争爆发后，亲哥俩随部队雄赳赳、气昂昂地跨过了鸭绿江，后在长津湖战役中不幸牺牲。

由于父母早已病故，又无其他近亲，亲哥俩牺牲后，其出生、小时候居住的房屋和他们生前的遗物，便由当地党组织安排专人保存、保管。

第三个行政村的王老英雄，也是一名抗美援朝的老英雄。王老英雄牺牲在抗美援朝的战场上，安葬在了朝鲜。由于王老英雄入朝作战时，其子才3岁，对父亲的印象是极其模糊的。后来，其子先后两次入朝，寻找父亲的墓地，在第二次入朝寻亲时，才找到父亲的墓地。其子捧了一捧父亲墓前的黄土带回了家，在有关单位和组织的帮助下，绘画团队开展了为烈士画像活动，其子终于"见到"了自己的父亲。其子又根据奶奶、母亲的安排，整理了父亲的部分遗物。

"加强红色遗物、文物保护，推进红色血脉赓续传承"，是我们义不容辞的责任。我们镇文化站在上级有关部门的指导下，在镇党委、政府的领导下，向上级申请了专项资金，用于这3个行政村4名英烈的遗物、文物的保护及修缮。比如，对老英雄出生、居住的房屋进行修缮、提升、改造，进行消防、安防整治，对环境进行治理，先烈的遗物、文物由专橱、专柜、专人保存、保护。第三个行政村的那位老英雄的儿子，为此还在自己家里为父亲建起了"家庭英烈博物馆"。

先烈的革命文物，具有深刻的内涵价值。为此，我们联合村两委及学校的师生，经常来此进行研学活动。看看先烈们的遗物，听听先烈们的亲人或乡邻讲述先烈们的成长故事和英雄事迹，幼小的学子深受教育，他们高举少先队队旗，唱着红歌直抒胸臆："一定继承先烈的遗志，把我们的祖国建设得更加强大。"

另外，我们还发动小文艺宣传队的同志前来接受教育、洗礼，然后创作各种题材的红色节目，在镇辖区内外进行传唱，以此教育群众和学生，一定要珍惜现在和平安定的幸福生活，学科技、用科技，大力发展新质生产力，建设美丽乡村，以实际行动和优异成绩告慰英烈的在天之灵。

对先烈的遗物及革命文物的保护，要整合力量、整合资源，相互交流，相互学习，对英烈的遗物及革命文物进行更加高效的保存和保护。比如，在这3个行政村内，我们在上级有关部门和镇党委、政府的帮助、支持下，建起了两处"村级英烈纪念馆"，一家"家庭英烈博物馆"。为此，我们聘请有关专家来到我们镇，给相关管理人员讲解保存、保护英烈遗物及革命文物的意义及保存、保护措施等。有关管理人员还敞开心扉，汇报自己在管理英烈遗物及革命文物时的所感所得。大家各抒己见，相互学习，纷纷表示，一定尽心尽力地保护、保存好英烈的遗物和革命文物，让红色血脉赓续齐鲁大地。

我们这里地处蒙山，是沂蒙精神的主要发源地，红色文化资源十分丰富，发展红色旅游前景可观。

为此，我们在上级有关部门和镇党委、政府的大力支持和帮助下，将镇辖区内几处小规模的红色旅游景点进行了升级，组织学生前来进行小规模的红色研学活动。

听高中学生讲述到一些大型红色旅游景点研学的情景时，这些学生坐不住了，也有了到外地大型红色旅游景点开展研学活动的想法。于是，我们便联合镇政府辖区内各个行政村的党支部及学校党组织，以我们镇政府辖区内几处小规模的红色旅游景点为"原点"，组织党员干部及学生，在我们辖区内红色旅游景点接受革命传统教育和研学活动的基础上向外延伸，按照市文化和旅游局打造和提升的五条红色研学线路，开展相关的活动。

"兰陵县文峰山—费县大青山"是我们对接的第一条红色研学线路。这条研学路线以"兰陵县文峰山景区""费县大青山胜利突围纪念地"为核心，并将"兰陵国家农业公园""压油沟风景区""九间棚旅游区""沂蒙山小调活态博物馆""宝山前野生动物园旅游区""天宇自然博物馆""银座天蒙旅游区""中华奇石城旅游区""果香慢谷乡村风情旅游区"囊括在内。

　　"临沭刘少奇在山东纪念馆—莒南山东省政府暨八路军115师司令部旧址—河东区华东野战军总部暨新四军军部旧址"，是我们对接的第二条红色研学线路。在这里，全镇党员干部和学生代表，被老一辈国家领导人及老一代党政干部亲民务实的工作作风感染了，接受红色教育后回到家乡，他们便成了红色故事的传播者、宣传员。

　　"蒙阴孟良崮旅游区—沂南红嫂家乡旅游区"，是我们对接的第三条红色研学线路，延伸到"蒙阴孟良崮旅游区""沂南红嫂家乡旅游区""樱之崮田园综合体""竹泉村旅游区"等。

　　"沂水桃棵子村—中共中央山东分局旧址—尹家峪田园综合体—岱崮地貌"是我们对接的第四条红色研学线路，联动"沂蒙山根据地景区""桃棵子村红色文化旅游区""尹家峪田园综合体""岱崮地貌旅游区""山东地下大峡谷""地下荧光湖旅游区""天然地下画廊""天上王城景区"等旅游项目。党员干部及学生代表在接受革命传统教育的同时，领略新农村建设的巨大成就。研学活动结束后，党员干部和学生代表坐大巴车回村的路上就讨论开了，感慨不已。

　　"临沭县朱村—华东革命烈士陵园—临沂商城"是我们对接的第五条红色研学线路。这条路线联结"沭河古道""兵学博物馆""王羲之故居""书圣文化城旅游区"等，党员干部和学生代表瞻仰烈士陵园后，再看临沂现代商城、临沂智慧物流城的发展成就，都纷纷表态说："红色江山是无数革命先烈用热血染红的，我们一定要赓续红色血脉，建设好、保护好红色江山，让我们的红色江山永不变色。"

接受革命传统教育归来，有一个问题引起了我们的深入思考，那就是：如何依法依规保护好这些红色景点，使其成为占领我们思想阵地的堡垒？

结合对接五条红色研学线路得到的经验，我们先是发动群众又收集、整理了革命先烈的部分遗物，充实了已建成的几所英烈纪念馆。然后，我们又深入到各个行政村，跟小法治宣传队的同志一起，向父老乡亲广泛宣传《中华人民共和国英雄烈士保护法》《烈士褒扬条例》《烈士纪念设施保护管理办法》等有关法律法规。对此，有的家长就吓唬自己不懂事的孩童："千万不要损坏烈士纪念设施，否则公安局会教育你们的。"话糙理不糙，这朴素的话语，道出了群众对革命英烈的无限敬畏。

在此基础上，我们根据上级有关部门的指示精神和镇党委、政府的要求，根据形势的变化和对革命英烈的敬畏之情，在村规民约中增添有关保护烈士纪念设施的条款。就这样，我们又进村入户，发动群众对各自村里的村规民约进行补充完善。

除此之外，我们还发动村镇的"笔杆子"创作了一些短小精悍的情景剧，教育、引导群众保护好烈士纪念设施。

凡此种种，对保护红色文化、传承红色文化起到了极大的推动作用。

有一个事例可以说明问题。

一天，一位外地客商看中了我们镇政府辖区内某行政村的一块地皮，想通过承包的形式租下来，建一家产品出口海外的大型劳保手套厂。恰巧这块地皮内建有一位烈士的墓碑。出于对先烈的敬仰，群众说："先烈热爱自己的家乡，我们就让先烈长眠于此，坚决不动先烈的墓碑。这样的劳保手套厂虽然能给我们村带来一定的福祉，但是为了先烈的安宁，这样的企业我们可以不要。"

这绝不是个案。

保护烈士纪念设施，在我们镇已成为群众的自觉行为。

我们镇辖区内某行政村的一位村民因娶儿媳需翻新老房子，报批后，他想让自家的房屋加高、加宽，可一旦加高、加宽自家的房屋，就得占用相邻的先烈纪念馆的一角。对此，这位村民很是犹豫。未过门的儿媳知道了这件事，就跑来对准公公说："叔叔，我不大喜欢又高又宽的房子，我看咱这老房子就很好，冬暖夏凉的。"准公公明白准儿媳的心思，他向先烈纪念馆投去无比敬仰的目光后，在心里默默地说："先烈啊，您放心吧，年轻一代会将您的光辉永记心间的。"

革命战争年代，"最后一口粮当军粮，最后一块布做军装，最后一个儿子送战场"的大爱情怀，是沂蒙人民拥军支前的真实写照。我们镇政府辖区内的各个行政村里，都有英烈为国捐躯的壮举，将先烈的英雄故事挖掘出来，保存在村史馆里，讲给后人听，唱给后人听，是多么有意义的一件事啊。

于是，我们组织镇辖区内的"笔杆子"直奔各个行政村，收集英烈的革命故事。

我们镇中学的学生徐鹏龙，生前是四川省西昌森林消防大队三中队三班的一名消防员。那年四川发生森林火灾时，19岁的他奋不顾身，一头扑进火灾现场奋力灭火，然而无情的大火包围了他。他为此献出了年轻的生命。

新旧时代英烈的故事感染了这些"笔杆子"，他们眼含热泪，以饱满的激情写下了英烈的英雄故事。给这些无比感人的英雄故事"扫描"上英烈的照片，再配上插图，装订成册，在村史馆里永远保存，是对先烈最好的纪念。

在此基础上，我们又在各个行政村开展了"讲红色故事"活动，以此来占领群众的思想阵地。由于村民对本村的英烈人物比较熟悉，对英烈的事迹也比较熟悉，再加上"主讲人"饱含深情的演讲，英雄顶天立地的壮举自然而然地就占据了群众的心灵空间。

群众白天需要务农或到附近的企业打工，"讲红色故事"的时间如何安排呢？我们是这样安排的：中午，正是村民回家吃饭的时间，村两委值班人员可以从村史馆里找到那些装订成册的英雄故事，通过村两委的大喇叭给群众"讲红色故事"。晚上，家长常常把自家有讲故事或演讲天赋的孩子送到村两委办公室，让孩子们"讲红色故事"，于是村两委的大喇叭里就传出了孩子们稚嫩的童声。

有一次，镇中学邀请我们到学校观摩学校举办的"红色运动会"。学生能开"红色运动会"，群众是否也可以？

于是，我们找到一个行政村先试点了一下，因该村健身广场上经常有群众健身，每年的春秋两季，村里还要举办趣味运动会和迷你马拉松比赛，可以说他们村有开展"红色运动会"的良好群众基础。我们同村两委一班人商量，他们说："家长们去学校接送学生时，曾看见过学校举办的'红色运动会'，在村里开展'红色运动会'，群众的参与度可能也不低。"

既然如此，那就试试吧。

经过精心筹备，一个周末的上午，该村的"红色运动会"在村里的健身广场上拉开了帷幕。难能可贵的是，几位大妈还把摊煎饼的家伙什搬来了，现场表演摊煎饼。扮演八路军的群众，手捧卷着大葱的煎饼说："我们的先烈就是吃着比这个还粗糙的口粮赶走了日本鬼子，打倒了国民党。"

群众的"红色运动会"试点成功了，于是，我们又在其他一些行政村举办了多场"红色运动会"。

第三节　思考

对群众培根铸魂，为建设社会主义新农村而奋斗，是我们乡村文化振兴的美好愿望之一。

为了实现这一美好愿望，我们通过引导、带领群众打造家庭化石博物馆、红色山寨、非遗美食、传承红色基因等，进行了一系列的探索，也引发了我们的诸多思考。

其实，不论是家庭博物馆，还是村居博物馆，打造的目的无非是"保护我们的自然或人工遗产，留住我们的记忆和技艺"，从这点出发，打造博物馆就显得尤为重要了。

当然，这是从"为什么打造"的角度来回答这个问题的。

单纯从"为什么打造"来回答问题，就显得过于单薄，我们还应从"怎么打造""打造的效果""打造的意义"上来思考问题。

"怎么打造？"民间资本和集体资本并重应是创新打造的"重头戏"。我们可以想象一下，像文中描述的家庭化石博物馆的例子，因其造价低、设施简陋，一家之力完全可以承担，但如果建设村居博物馆或乡镇博物馆，仅依靠民间资本就不行了。

宣传其意义，普及其保护知识，增强群众的观念和意识，营造良好的环境和氛围，既是"打造的效果"，更是"打造的意义"。

关于红色山寨文化，文中描述的山寨，绝不是过去战乱年代民不聊生时期山贼、山寇建起的山寨，山贼、山寇建起的山寨是杀人越货的黑窝点、黑据点，跟文中描述的抗击土匪、流寇、日本侵略者的山寨是截然不同的。抗击土匪、流寇的红色山寨，是群众在党组织的领导下，有组织地建立起来保家卫国的铜墙铁壁，我们没有任何理由不去挖掘这种文化，因为这种文化能唤起群众的民族自豪感，能再现群众战天斗地、反抗侵略、保卫群众生命财产安全的无上荣光，能激发群众勇于改变自己、改变村居贫穷落后面貌的勇气，更能教育我们的下一代牢记使命，奋发有为。

非遗美食只是众多非遗文化的一部分，窥豹一斑，以"偏"概"全"，透过现象看本质，其给予我们的思考也是很多的。

非遗是先辈古老的智慧，让其焕发青春和活力，能激发群众对古老智慧的认同，增强群众对非遗文化的认同，在新生代村民中种下"再生"的种子，使其生根发芽、开花结果。然而目前的现实是这方面的人才极度匮乏，有些非遗文化面临着失传的风险。如何破局，方法只有一个，那就是需要政府加大投入，培养传承人才，使其后继有人，发扬光大。当然，这还需要我们通过抖音、快手等新媒体宣传、推介，在激发群众的保护意识，留存非遗记忆的基础上，使其走出国门，走向世界，让我们的非遗成为世界的非遗，让我们的非遗之美成为世界的非遗之美。除此之外，对非遗还要放长远眼光，不能拘泥于传统技艺，而要进行创新发展。比如对非遗技艺，如果在"改进设计、改善材料、提高品质"诸方面进行独特创新，就能使其更好地走进当代生活，勇立潮头，持久发展，经久不衰。对其他非遗进行挖掘，用法律法规手段进行保护，用文旅手段进行普及，一定是非遗健康发展的又一良策。

实践证明，上述文化能给群众培根，红色文化就能给群众铸魂，这就需要我们从各个方面加大对红色文化的建设。我们伟大的中国人民，为了民族的解放，在党的领导下做出了巨大的牺牲。放眼全国，哪个村居、村寨没有为国捐躯的英烈？即便是当代，新时代的英烈、英雄为了祖国的发展、强大，也奉献了青春和年华。这些红色文化资源，需要我们去挖掘，需要我们去保护，更需要我们去利用，为乡村文化振兴增添活力和精神动力。因此，我们应注重对红色文化内涵的挖掘与传承。我们要延长、拓展红色文化产业链、教育链，以红色文旅的形式，赓续红色血脉，发动红色文化新引擎，让红色文化永远扎根于党员干部、群众、学生的心间。要想让红色文化成为我们不断自我革命，不断爬坡前行的"永动机"，红色教育、红色主题活动是总开关、总引领，因为群众可以从中感悟红色精神的伟大，厚植家国情怀，增强红色文化自信。

第七章

乐享多元、快捷的品质文体盛宴

第一节　打造乡村多元文化空间

我们镇政府辖区内，有一个行政村从前有一个小型文化广场，因为已经建成多年，且又无人看管及维护，好多设施已经破烂不堪。

这个小型文化广场建成之初，村里的群众也曾利用晚饭后的时间来此学习、娱乐、健身，但由于设施单一、简陋，慢慢地对群众就没有了吸引力。再到后来，除了极少数孩子偶尔来此玩耍一会儿，其他群众基本不再来此学习、娱乐、健身了。

从此以后，这个小型文化广场就成了摆设，成了村两委一班人的一种负担：留着它，群众对此不感兴趣；拆了它，村里又少了一道风景。

"你们拆除了它，就相当于拆除了乡村文化振兴的根基。"那天，镇政府召开招商引资动员大会，会议未开始前，在镇政府的会议室里，我和该村的支部书记邻椅而坐，谈起日渐凋敝的文化广场，支部书记向我大倒苦水，我连想都没想，就这么提醒他。

招商引资会议结束后，我和该村的支部书记赶到了村里。看过村里的文化广场，我心里一阵难过："这才建设了几年啊，就破落成了这样。"

村支部书记的脸唰地红了。见状,村民委员会主任连忙凑到我身边转移话题给支部书记解围说:"任姐,给我们出出主意吧。这回,我们一定把乡村文化建设好。"

"文化广场破落成这样,你们还想着招商引资,谁愿意来你们村投资搞建设。"转身看了一眼满脸通红的他们俩,我实在不忍心再刺激他们了,就给他们鼓劲说,"这样吧,我们镇文化站的同志帮着你们,在你们村里打造多元文化空间。"

或许是"多元"二字吸引了他们俩,两位负责人放心地长长舒了一口气。

第二天,我们镇文化站的同志就驻扎到了村里。

我们迅速召集村两委一班人开会,将"底牌"直截了当地说了出来:"给诸位领导通报一下:同邻村相比较,咱们村的乡村文化建设已经落伍了。乡村文化建设是乡村文化振兴的有力抓手,更是乡村振兴的有力推动者,其意义大家都心知肚明。"

说到这里,我话锋一转:"这回,我们要打一个翻身仗。咱们村的乡村文化建设要建多元的,建标杆性的。"

见村两委每位成员的眼睛里都充满了疑惑,我继续说:"我们村应该建户外健身运动广场、休闲娱乐广场、科普教育广场、文化宣传广场。这四个文化广场建好了,我们多元文化的打造就算是完成硬性的任务了。"

听我这么一说,村两委成员们就嚷嚷开了。这个说:"咱们村里有那么多空闲地儿吗？"那个说："建设资金从哪里来？"

我笑了笑，说："你们讨论讨论吧。"

村两委成员们便说起了悄悄话。

一番争执、讨论后，一名村两委成员站起来说："我有一个意见，咱们村现在的小文化广场，可以重新改造成户外健身运动广场。"

"那就干脆把那个小文化广场建成真正意义上的户外健身运动广场吧。"村两委成员统一了思想。

"休闲娱乐广场建在哪里？"另一名村两委成员追问道。

"休闲娱乐广场建在村外不远处比较好，一是不扰民，二是方便青年男女交往、交流。"我抢在村支部书记前"定了调子"。

"咱们村前那条小河边，不是有很多空闲地儿吗？"村民委员会主任发言了。

"建在那里好。水也清，树也绿。"村支部书记说。

"科普教育广场呢？"我追着村支部书记问。

"这样好不好？"又一名村两委成员站了起来，"咱们村后的蔬菜大棚远远看去，一大片白茫茫的。蔬菜大棚前边是一片荒草地，咱们把它建成科普教育广场比较好。"

"我支持这一提议。"那一刻，我确实有些激动了，"紧靠蔬菜大棚建设科普教育广场，能让菜农们就近学习科普知识，并自觉地运用到实践中，提高大棚蔬菜的质量和效益。"

村两委成员给我轻轻地鼓了鼓掌。

"那我们的文化宣传广场建在哪里？咱们村再也没有空闲地儿

了。"村民委员会主任担忧起来。

村支书有了主意："咱们村东西南北有四条大街，村中央还有两条垂直交叉的宽敞的十字街，咱们把这六条街的两侧刷满文化宣传的要素，这个大型的文化宣传广场不就建成了吗？"

"这广场可真够大的，满村都是。"村两委成员嘟囔道，"这么大的手笔，钱从哪里来啊？"

"这四大工程需要多少钱？"村支书也担心起来。

镇文化站的一名同志一边听大家讨论一边匡算，已经有了一个大体的数额。他站起来给大家汇报了粗略匡算的数额后说："这是我往圈外匡算的，实际用到的资金要比这个少，但也不会少到哪里去。"

村民委员会主任一吐舌头："我们到哪里弄这么多钱？"

村支书也紧随着说："我们村的村集体积累不厚实啊。"

"我们来的时候，已经向镇财政所和为民服务中心的同志打听了，他们都说，你们村经济发展很好，村集体积累很厚实。"看来村两委的同志在乡村文化振兴上思想还是不够开放，我们镇文化站的一名同志看不下去了，站起来戳破了这层窗户纸，"会计同志，你说说看，我们建设这个多元的乡村文化阵地，咱们村集体积累的钱够不够？"

会计是从外村交换来的。他如实说："根据你们的匡算，也就缺几万块钱。"

"我们就这样定下来吧。节约搞建设，这几万块钱的缺口到时候恐怕就不是缺口了。"我先让大家放下心来。

村支书一挥手就要散会，我一把抓住他："你心急什么，你们村多元乡村文化建设虽然有了初步的方案，但我们还得征求征求群众的意见不是，看看群众是否支持。"

"明白！"他一拍手说，"咱们分分工吧，今晚挨家挨户地征求群众的意见。"

长话短说，转眼就到了傍晚。

那天晚饭后，我们和村两委的同志拿着打印的"多元文化建设征求意见表"，逐家逐户地征求群众的意见。

按照村两委的分工，我来到了一户群众家里。没等我开口呢，这户村民家漂亮的媳妇就先开口了："您是镇里的领导吧？"

我实在地坐在她家的沙发上，说："我不是领导，只是一名普通的工作人员。"

"村里是不是要建好几个广场？"显然，她早已得到村里要建设多元文化阵地的消息了。

"是的。"我小心翼翼地说，"我们没别的意思，就是想听听您的意见。"

"早就该建了。"她那年轻、健壮的丈夫说，"看看别的村，再看看俺这个村，差别太大了。这事，谁都不怨，就怨村里的领导不把心思放在这上面。"

"俺家的孩子都跑到外村的健身广场上玩耍。"俊俏的媳妇补充道。

"这么看来，你们是支持这项工作了。"我说。

"我们举双手赞成。"年轻、健壮的小伙子拿起孩子的笔，就在"多元文化建设征求意见表"的"同意"一栏，郑重地签下了全家人的姓名。

我高兴地道别这家，便来到了另一户村民家中。我向这对中年夫妻说明来意，男主人说："我爱好打篮球，闲暇时间就想和伙计们投投篮。领导你看看，俺村的那个小广场上有篮球架吗？"不用多说，这户村民也在"多元文化建设征求意见表"的"同意"一栏投了赞成票。

道别这户村民，我迎面碰上了镇文化站的一名同事。他高兴地举着"多元文化建设征求意见表"对我说："任姐，我跑了十三户群众，除了一户群众持保留意见，其他十二户群众都赞成。"

"辛苦了。"我同他握了握手，"待我们走访完毕，就到村两委办公室汇总。"

就这样，我们逐家逐户征求意见后，来到了村两委办公室。

我们连夜行动，迅速汇总群众的意见。结果出来后，我们高兴得差点跳起来，因为只有4户群众持保留意见。也就是说，绝大多数群众赞成建设多元文化阵地这一建议。

村支书问我："咱们哪天开始建设？"

"物资筹备好了，咱们就开始建设呗。"我以商量的口气对他说。

第二天一早，村两委成员就根据分工，外出筹备建设物资了。

我们镇文化站的同志也没闲着。我们根据昨晚汇总结束后商量的意见，各抒己见，将各个阵地需要用文字和图画显示的东西勾勒了出来。

这些东西接地气吗？群众欢迎吗？第二天晚上，我们拿着草稿又一次走进了群众家中。

对此，群众给我们提了许多宝贵的意见。

根据群众的意见，我们进行了修改、完善。我们将完善稿提交村两委会成员讨论，大家又根据各自的工作职责，补充了新的建议或意见。

村两委将租借的电子声控炮拉进村，砰的一声响，推土机、挖掘机便轰隆隆地作业了。

按照施工图纸，村两委成员根据分工，远远地指挥推土机、挖掘机作业。几位围观的老人坐在马扎上议论说："咱早就该这样下血本了。"

3 个月后，这个行政村的多元文化阵地建设大功告成了。

建成的多元文化阵地到底有多辉煌、多高档、多实用，功能多齐备，别的不说，就说根据群众意见，我们和村两委一班人利用村两委二层小办公楼建成的"新时代文明实践站"吧，站内不仅建有能容纳 500 人参会的大型会议室，还有对群众开展文明实践活动进行培训的培训室，紧挨着培训室的是书吧，书吧的书柜和报夹里，放着群众喜闻乐见的书报，书吧一侧的房间被我们改造成了会客休息室，休息室里有沙发、茶几、一次性水杯，可以让群众充分放松、休息，如果想娱乐娱乐，隔壁的棋牌室可以满足群众的这一需求。除此之外，这里还设有用于文明实践演讲、宣传的理论宣讲室，如果还不"解渴",那群众还可以到文化活动室里"耍一把",群众如果有科技发展方面的困惑,那科学宣传室就能满足大家的愿望。

这里挑选几件事简单地描述一下。

这天,村后大棚蔬菜基地里一位村民发现他的大棚黄瓜"得病了"。一开始,黄瓜叶子有浅绿色水浸斑,几天后,浅绿色转成了淡褐色,再到后来,叶子全干枯了,潮湿的时候,叶背面病斑上还出现了灰黑色的霉层,有的严重的,全株叶片都枯死了。

他大惑不解,因为他栽种大棚黄瓜才没几年。于是,他便请教附近种植大棚蔬菜的"老手"。"老手"用手往前一指,告诉他:"这是标准的黄瓜霜霉病,如何治疗,那个科技宣传广场上有。"

在"老手"的带领下,他们俩来到科技宣传广场,在一个雨搭下的宣传栏里找到了治疗方法。

于是,他一字一句地认真阅读起来。

读罢上面那些治疗方法,他戴上头盔,骑上电瓶车就跑到了一家农资超市里……

傍晚时分,村里的休闲娱乐广场上热闹起来了。在明亮的灯光照射下,几名青年男女手里攥着手机,戴着耳机,一边欣赏音乐一边遛弯,不时地还哼唱几句。三五成群的大伯、大妈们围坐在一起,有说有笑地聊着家长里短,满脸的幸福。几名小朋友骑着儿童车你追我赶,身后留下了清脆的铃声。这里的音乐舞蹈表演可是独特的风景,群众随着音乐的节拍,前一步、后一步,扭扭腰、摆摆臂、转转圈,那舞姿,谁看了都"心动"。

……

"任姐，真是多亏了你啊。"那晚，村支书向我打开了心扉。

我知道他这句话的分量，因为最近几家颇有实力的外地企业要来村里投资兴业了……

第二节 有品质的 15 分钟文体圈

"他二婶子，你快点收拾啊，姊妹们都等着你呢。"

"来了，来了。"

满口答应"来了，来了"的那位家庭妇女，喜滋滋地提着一大手提袋的剪纸工具，一口气跑出自家的庭院，一边锁大门一边转身瞅了一眼站在她家庭院大门口等她的十几位"同行"，说："你们怎么都收拾得这么早？"

"这还早？"一开始吆喝她的那位家庭妇女同她开玩笑道，"日头都把你的屁股烤焦了吧。"听她这么一说，其他家庭妇女哈哈大笑起来。

笑声中，发出第一声吆喝的家庭妇女走到正锁大门的这位家庭妇女面前，戳了一下她的胳肢窝："你不骑着电瓶车，你跟在我们屁股后边跑啊。"

"你个催命鬼，跟叫魂似的催。"她嘿嘿一笑，转身又打开大铁门，推出电瓶车，跟着姊妹们向村外走去，"他大娘，人家那里真有那么大的地方？"

"你去看看就知道了，人家那里空间可大了，剪纸室就有好几间呢，比咱们手艺高的有的是，你去了能学到好多东西呢。"领头的那位家庭妇女说。

"真像你说得这么近？"她还是不放心。

"故意的吧，你是真没去过那个村？离咱们村还不到五里地呢，几分钟就到了。"领头的说。

无独有偶，那天正好是周末，几名中学生骑着山地自行车，网兜里兜着篮球，一边蹬山地自行车一边给自己加油。"今天，咱们一定把那村的那帮小子打下去，上次咱们输得太冤了，都怪大伟不讲球德，老是犯规。"这个小山村的少年篮球队队长山地自行车骑得飞快。

"上次都怪我，这回我一定改。"名叫大伟的那个中学生诚恳地承认了自己的错误，对同伴们说，"你们能骑得再快点不？"

"你慌啥，几分钟的路程呢。"很明显，同伴们的气还未消。

"咱们邀请他们来咱们村比赛多好。"大伟"反客为主"，埋怨起同伴来。

"你不知道人家的篮球场高档？人家的篮球场是塑胶的，光比赛场地就有四块，篮球架子有八个。人家那里天天都有打比赛的，多热闹啊。再者说了，比赛完了，咱们坐在场地边上，还能看看人家的比赛，学学人家的技术呢。"队长喘着粗气给大伟鼓劲。

"也是，咱们村的篮球场地是水泥面的，确实不如人家的高档。"大伟说着，紧蹬了几下山地自行车，噌噌地赶到了队伍的前面，气喘吁吁的喘息声催促着同伴们拼命地追赶他。

无须再多举例子，这两组镜头就很能说明问题了。

这些年来，我们镇文化站的同志，按照上级文旅部门及镇党委、政府的指示和要求，紧扣群众对新时代日益增长的有品质的乡村文化生活的需求和新形势的发展变化，不断提升公共文化服务供给，想方设法满足群众日益增长的多元化、个性化的文化服务需求，提升、优化了各个行政村有特色的文体景观，形成优势互补，给群众打造出有品质的15分钟文体圈，为群众打通公共文体服务的"最后一公里"，从而提升了群众参与有品质的文体娱乐活动的积极性。

细数起来，在我们镇政府辖区内，形成优势互补的有亮点的文体景观还有许多许多。除了上述高档的剪纸室和高大上的篮球比赛场地，还有多个文体景观，窥豹一斑，我们便能从中发现什么，悟出一些什么来。

我们镇政府辖区内，有一个行政村的"读书吧"真的是博人眼球。

这个读书吧场所外那条东西走向的小马路边，竖立着十几块高端的公益广告牌，内容全是号召群众读书、终身学习的标语口号。读罢"倡导全民阅读，让智慧流淌在每个人的心中"，"倡导全民阅读，建设书香社会"，"读万卷书，行万里路"，"书香浸润乡村，阅读丰富人生"，"全民学习、终身学习、造就人生、振兴乡村"，"人人学习，处处学习，时时学习，终身学习"，"全民学习、终身学习，人人学习，促进发展"等标语口号，我们仿佛就感觉到浓浓的"读书香"扑鼻而来。

走进这个读书吧，我们才发现，这不是读书吧，而是读书楼。

实际上，当初我们镇文化站的同志说服村两委一班人打造这一高端景点时，还颇费了一番周折呢。

当初，我们来到村里指导乡村文化振兴时，发现周末的时候，该村和附近几个行政村的学生，几乎全由父母用各种各样的交通工具带着到很远的辅导机构去学习。这"警醒"了我们：假如我们找个地儿建设成免费的学习室，周末的时候，让学生在这里免费学习，岂不美哉？我们将想法说给村两委一班人听，村民委员会的一名成员担忧起来："找不着地方啊。"

我抬头看了一眼那座小二层的村两委办公楼："这里就很合适。"

村民委员会主任听我这么一说，差点跳起来："那……那可不行，我们就没地儿办公了。"

我说："你们村两委原先的办公室不是闲着吗？"

"那房子太旧了。"村支书说，"再者说了，我们搬到这里办公还不到两年，还没稀罕够呢。"

"有句话你们大概至今还没领会到位吧。"我丝毫不让步，"再苦不能苦学生，再穷不能穷教育，这句话你们还得好好琢磨琢磨。"

"别琢磨了。"村支书一锤定音，"明天就搬。"

"今天就是黄道吉日。"我同他开了一句玩笑。

"搬！搬！今天就搬。"听得出来，他有些不甘心。

不甘心也得搬，因为我们镇文化站的同志已经先动手了。

将村两委原先的办公室收拾妥当后，经上级有关部门批准，我们又费了一番周折，说服村两委的同志用村集体积累的资金给学生购买了课桌、凳子，选拔了3名老党员维持秩序和纪律，顺带打扫卫生，并保证学生的安全。将这些安排妥当后，我们就在附近的村里广发宣传单，张贴海报。陆陆续续地，村民们就将自家的孩子送过来了。

不久，高峰期来了，附近近百名学生利用周末、节假日前来学习。

根据附近几所学校的老师提的建议，我们采用"小组合作学习"的方式，让学生互助合作学习。

学习文化课是主要的，劳动、美育教育也是必不可少的。于是，我们根据老师的意见，将这里的一片空闲地儿整理出来，对学生进行劳动教育；又聘请了几位擅长书法、美术、音乐等的专业人士，免费对学生进行美育教育。

不用说，这里成了学生的综合实践基地。

不过，学生综合实践基地虽然十分热闹，但是建立高档读书吧的愿望总感觉还没有实现。于是，我们又根据群众的要求，和村两委一班人在这里装修了几间空置的房屋，买来书柜、书橱、书报，建了几间真正意义上的读书吧。

从此以后，周末、节假日，学生有了读书、学习的地儿，群众也有了读书、学习的地儿。这个真正意义上的读书吧方便了周围十里八村的群众。

示范效应很快就体现出来了，其他的多个行政村也照此建起了读书吧。

这些读书吧，确实极大地方便了群众。

我们镇辖区还有一个非常典型的"景点"。

几乎村村都存在这种情况，家家户户相邻的地方，总有那么几块巴掌大的地儿。这些巴掌大的地儿，有的被群众种上了诸如茄子、辣椒、大葱等蔬菜，有的就成了真正的荒地，长满了杂草。由于疏于管理，群众种植的蔬菜"青黄不接"，长势萎靡。问群众，他们就说："反正是巴掌大的空闲地儿，闲着就长杂草，还不如种上点青菜、胡萝卜的好看，能不能有收成就不重要了。"

想起到一座新城参观时，在那里看到的"口袋公园"，我们受到了启发。将村里房前屋后巴掌大的空闲地儿建成迷你型小公园的建议，就被我们提交到了镇党委、政府领导的案头。镇党委、政府领导一致认为：这完全是出于建设有品质的15分钟文体圈的需要，更是有品质的15分钟文体圈建设的重要组成部分。

于是，在镇党委、政府的大力支持下，我们又在各个村里掀起了建设迷你公园的高潮。

这些迷你公园如何建，我们镇文化站的同志先调研了一番。有的群众给我们提建议："实用的好。"有的群众说："一景点一特色好。"

不搞重复建设的迷你公园，群众抬脚就到，能更好地增强幸福感，也是建设有品质的15分钟文体圈的生动体现。

于是，我们根据各个村的实际，本着把"小、精、特"迷你公园建设作为乡村文化振兴提质升级的突破口，让"巴掌"里见山水，"巴掌"里记乡愁，"巴掌"里装满幸福的原则，能山易山，能水易水，能单一的绝不多样，能多样的绝不单一。

有了这个思路，我们镇文化站的同志一人一村，全部进村指导，配合村两委一班人迅速建设，绝不打马虎眼。

迷你公园的建设一点也不复杂，因其简单易操作，建设进度非常快。能栽花卉的就栽种单一的花卉，能种绿植的就栽种单一绿植，能设坐凳的就单一设坐凳，能设景观石的就设景观石，能安装单一健身器材的就安装单一健身器材……

在我们和各村村两委一班人的强力推动下，不到一个月，各村的迷你公园建设就顺利完工了。

这些迷你公园触手可及，设立于我们镇辖区内中央地带一个行政村的迷你公园建设就是其中的杰出代表。在该村徜徉，人们就会发现，村里的迷你公园既有适合儿童活动的儿童区，也有适合老年人健身的老年区。这些区域内，根据地势、土地面积，要么安装了单一的儿童跷跷板，要么安装了便于老年人健身的简易按摩背椅，适合栽植菊花的就栽植了菊花，适合栽植三叶草的就栽植了三叶草，适合安装单一石凳的就安装了单一石凳，适合安装下棋用的石头圆桌和圆形石墩的就安装了石头圆桌和圆形石墩……

"这些迷你公园占地多少亩？"那天，我们镇文化站的同志来到该村参观学习时，问村党支部书记。

他笑了笑，对我们说："迷你公园看起来占地不大，就像一个成年人的巴掌，可把这些巴掌一个个加起来，就大了去了。我们测量过，把我们村的迷你公园加起来，有一亩多地哩。"

一个行政村多出了一亩多地的迷你公园，这是我们想都没有想到的。

村支书告诉我们："过去，群众都说这些地方是标准的脏乱差的代表，是村里的卫生死角，谁都不愿意落脚。现在好了，我们村的这些迷你公园，俨然成了新时代文明实践宣传区。别的不说，自打我们村的迷你公园建成后，我们这里可热闹了，不时地就有网红进村。我们怎么也没想到，这些迷你公园，竟成了那些网红的打卡地。除了这个，最主要的是方便了群众就近活动。你们都不知道呢，我们村一户村民的女主人曾对我说过，他们一家茶余饭后，特别喜欢到这些迷你公园里玩耍，来到这里，给孩子上上忆苦思甜课，或者给孩子讲讲文明实践的意义，确实让孩子增长了见识，孩子因此受益颇多。这户村民的心声和体会，也是其他群众的心声和体会。别看这些迷你公园小，可是小景观能推动乡村大文明建设。你们肯定发现了，在我们村，还有很多十分接地气、群众喜闻乐见的公益广告以及单一不重复的景观式公益小景进了迷你公园，这为我们村注入了新的文化内涵，群众在不知不觉中就接受了文明的洗礼。"

村支书一番滔滔不绝的"演说"，说得我们心潮澎湃。

虽然该村是迷你公园建设的标杆，但其他行政村的迷你公园建设也都十分抢眼。

单从这些行政村开展的丰富多彩的迷你活动就能略有所知。

清明节期间，全镇十几个行政村开展了趣味运动会。这些趣味运动会设置的比赛项目就十分迷人：有慢骑自行车比赛，有托球快跑比赛，有花样跳绳比赛，有踢毽子比赛，有颠球比赛，有传球比赛……

个别行政村更是别出心裁，搞起了迷你马拉松比赛，搞起了本村百人健步走比赛，联合其他行政村搞起了千人健步走比赛……

进入 4 月份，有的行政村就相继开展了"春天，我的梦"传统非遗文化进村居活动，让十里八乡的群众感受我国非遗文化、传统艺术的魅力。

有的行政村在宽敞的村内道路上，开展了"百家宴展示"活动，村民们相聚在一起，一边品尝各家的美食手艺，一边拉家长里短，将睦邻友好展现得淋漓尽致。看着这样的百家宴展示活动热热闹闹，小文艺宣传队的同志也来赶热闹了。他们精心编排的节目特别适合群众的"胃口"，他们那带着浓浓乡音的独特唱腔，博得了群众一阵又一阵的掌声，他们那娴熟的演技和饱满的热情，赢得了群众的阵阵喝彩。

这就是我们联合各行政村村两委一班人为群众圈出有品质的 15 分钟文体圈的生动写照。

第三节　思考

从大处说，我国地大物博，56 个民族亲如一家，然而不同的民族有不同的生活习惯，这也造就了百花齐放的传统文化局面。因此，打造多元化的乡村文化，以适应不同民族的群众的文化消费需求，就显得尤为重要。

从小处说，小到一个乡镇，或者一个行政村，如果单纯地打造单一的、大众的、普通的乡村文化，一些弊端就会暴露无遗。一是如果各个乡镇或各个行政村打造的乡村文化均是单一的、大众的、普通的，那么其打造的乡村文化风格就落入了重复建设、千篇一律的怪圈，造成资源的浪费。二是打造的单一、大众、普通的乡村文化，没有自己的特色，只能吸引部分人的眼光，绝对满足不了不同层次、不同年龄段的群众的"大众"文化消费需求。比如，老年人喜欢乡愁文化，年轻人喜欢新潮文化，孩童喜欢卡通文化……不同的"大众"喜欢不同的文化，这是群众生长、成长的必然。因此，打造多元化的乡村文化，丰富不同群众的"大众"文化消费需求，是我们基层文化工作者的"必答题"。

从此出发，打造多元化的乡村文化，我们首先要做的就是一定要挖掘出乡村"与生俱来"的传统文化，并加以保护，组织党员、干部、群众集思广益，对挖掘出的传统文化进行创新发展，使其永葆青春，为乡村文化振兴注入新的活力。比如我们这里的非遗乡村大锅饼，一直以来就是群众的"最爱"，对其进行挖掘、保护性开发后，我们又先后组织相关从业人员外出学习，借鉴了外地大锅饼的先进制作流程和技艺。群众经过对比，坚持手工揉面，手工压饼，手工烙饼，使其永久散发"手工味"。于是，我们这一带的乡村大锅饼因"手工味"浓郁，焕发出了蓬勃的生命力。

　　乡村文化建设不但要服务于乡村振兴，还要服务于群众的身心健康。说得直白一点，就是萝卜白菜，各有所爱。因此，我们打造的多元乡村文化，必须适合不同人群的"口味"，建设的项目，能文则文，能武则武。文也好，武也罢，绝不能单打独斗，必须形成合力，融合发展，这样才能给群众提供不同的文化体验。

　　时代在变迁，社会在发展，乡村文化建设也必须与时俱进，与互联网结合，融入数字与信息元素，以适应现代社会的发展需要。比如我们在有些行政村建设法治文化小广场时，由于受场地、板块面积的限制，有的板块我们只选登了有关法律法规的关键条文。要想阅读相关法律法规的全部条文，群众只要用智能手机扫一扫板块下方的二维码，就能在智能手机上阅读。

　　当然，打造乡村多元文化，单靠各个行政村的力量就显得过于单薄了，毕竟各个行政村的村集体积累不一样，有的行政村的村集体积累十分薄弱，这就需要上级有关部门给予大力支持，提供政策和资金保障，发动群众，打一场建设乡村多元文化的"大仗"，让群众乐享多元文化的盛宴。

　　给群众打造15分钟文体圈，确实能提高群众的文化幸福指数，因群众抬脚即达，极大地方便了群众。

　　不过，在打造15分钟文体圈时，要注意从以下几个方面入手建设，这是我们在实践15分钟文体圈时的深刻体会。

　　15分钟文体圈里到底有啥？这个我们必须向群众亮出"家底"。这就需要我们做好两个方面的工作：一是15分钟文体圈要有详细的交通草图或指示图，二是每一处文体景点要有显著的标识。交通草图或指示图的下方及每一处文体景点的显要位置最好设有二维码，方便群众用手机查阅。

15 分钟文体圈要如何建设？这就需要我们广泛倾听群众的意见，见缝插针，变废为宝，多建造一些造型有独到风格、设计有独到之处、装潢有独到技艺的迷你文体空间。如果有专人管理这些迷你文体空间，再有专业人士指导娱乐活动，群众一定会对这些迷你文体空间产生依赖，继而使 15 分钟文体圈产生长期的、高度的黏性，因为 15 分钟文体圈最大限度地让群众受益了，满足了群众就近、就地的文体需要。

如此，让群众乐享多元、快捷的品质文体盛宴的美好前景就会展现在我们面前。

后　记

提笔给凝聚了大量心血的专著《乡村文化振兴的实践与思考》写后记，一时间竟感慨万千。

要不是女儿的鼓动，我压根也不会想到将自己几十年来奋斗在乡村文化振兴第一线的实践及感悟付诸笔端；而待真正俯下身子敲击键盘的时候，却感到不知从哪里写起。

回到单位，悄悄地给要好的姐妹、同事透漏这一"小心思"时，他们均异口同声："任姐，写出来，我们支持你。"

到底是结下了几十年深厚感情的好姊妹、好同事，由于没有记笔记的习惯，多年的往事大多遗忘在了记忆的"死海"里，休息间隙，是他们帮我一一回忆我们曾经并肩作战的"辉煌历史"；是曾和我们一起打拼的村居领导和父老乡亲围绕在一个个乡村文化振兴的景观边谈论过往，才使我的脑海里又一一播放起了"曾经的过往"。

回忆过往，简单轻松，毕竟手中有摩擦出的老茧可供"回忆"，身旁又有恩人指点。可是，专著结构的排列布阵、语言的拿捏、角度的选择、立意的确立，时时困扰着我，让我无从下笔。

好在身旁有众多的文友支持，他们帮我指点文字，很快写作书稿的思路出来了。

有了感觉，每天傍晚下了班，晚饭丢给年迈的婆婆，我就独自一人躲在书房里敲击键盘，慢慢地，那一幕幕激动人心的往事就如同飞流瀑布倾泻而下，所感所悟似无一盏红绿灯的笔直的高速公路畅通无阻。

熬过了去年的酷暑和严寒，顾不上欣赏今春美丽的雪景，春节更没顾上陪可爱的女儿去一趟超市购买她爱吃的甜点，所有的业余时间全交给了让我既爱又恨的电脑及键盘。终于，《乡村文化振兴的实践与思考》完稿了。

这是我的第一部专著。

书中的案例翔实，思考能给人以启发，但是自己再读自己的书稿，总感觉还缺少很多很多东西。缺少什么呢？我想了很久，终于在写后记的今天想起来了。书中缺少前瞻性的东西，更缺少深层次的思考。

想起这些，感觉身上充满了无限的力量。是啊，数字时代、智慧时代已大踏步地走到了我们面前，数字、智慧一定能助力、赋能乡村文化振兴大计，这不正是我今后努力的方向吗？

人生需要一步一步地丰富。

时不我待，但眼下最主要的是将书稿尽快付梓，报答扶持我的各级领导和好姊妹、好同事。

衷心感谢一路领我前行的各级领导，感谢陪我一路前行的好姊妹、好同事，感谢众多文朋诗友对我的无私帮助，感谢婆婆、丈夫和女儿对我的鼓励和支持。

由于水平有限，时间又仓促，书中的不足之处一定有很多，恳请各级领导和同志们批评指正。

任杰

2024 年 5 月 1 日于临沂